W0109077

TIL **SCHWEIGER** ANIKA **DECKER**

ZWEI**OHR**KÜKEN

DAS BUCH ZUM FILM

mit Bonusmaterial
zu Keinohrhasen

ULLSTEIN

WARNER BROS. PICTURES präsentiert eine BAREFOOT FILMS Produktion in Co-Produktion mit WARNER BROS. FILM PRODUCTIONS GERMANY, SEVEN PICTURES & ROTHKIRCH / CARTOON-FILM «ZWEIOHRKÜKEN» TIL SCHWEIGER NORA TSCHIRNER MATTHIAS SCHWEIGHÖFER KEN DUKEN EDITA MALOVCIC EMMA TIGER SCHWEIGER UWE OCHSENKNECHT HEINER LAUTERBACH THOMAS HEINZE PEGAH FERYDONI DENIS MOSCHITTO MARC HOSEMANN IDIL ÜNER JASMIN GERAT KAROLINE SCHUCH TOM BECK SÖNKE MÖHRING MARS SAIBERT PAUL VAN DYK YVONNE CATTERFELD WLADIMIR KLITSCHKO Maske PAMELA GRUJIC CHARLOTTE CHANG Kostüm GABRIELA REUMER Tonmeister FRANK HEIDBRINK Szenenbild CHRISTIAN SCHÄFER SFK Casting EMRAH ERTEM Komponisten DIRK REICHARDT MIRKO SCHAFFER DANIEL NITT Schnitt CONSTANTIN VON SELD VST Ab TORSTEN KÜNSTLER Kamera CHRISTOF WAHL BVK Produktionsleitung KLAUS SPINNLER Drehbuch TIL SCHWEIGER ANIKA DECKER Co-Produzent STEFAN GÄRTNER Produzenten TIL SCHWEIGER TOM ZICKLER Regie TIL SCHWEIGER

Besuchen Sie uns im Internet:
www.ullstein-taschenbuch.de

Umwelthinweis:
Dieses Buch wurde auf chlor- und säurefreiem Papier gedruckt.

Originalausgabe im Ullstein Taschenbuch
1. Auflage Dezember 2009
© Ullstein Buchverlage GmbH, Berlin 2009
Umschlaggestaltung: © HildenDesign, München
Titelabbildung und alle weiteren Abbildungen im Buch:
© Warner Bros. Entertainment GmbH
Abbildung vordere Innenklappe © Anne Wilk
Abbildung hintere Innenklappe © Eric Steingroever
Satz: LVD GmbH, Berlin
Gesetzt aus der Janson Text und Futura
Druck und Bindearbeiten: CPI – Ebner & Spiegel, Ulm
Printed in Germany
ISBN 978-3-548-28243-5

INHALTSVERZEICHNIS

VORWORT

Liebste Leser,
willkommen in der Welt von Keinohrhasen und Zweiohrküken!
Auf den folgenden Seiten werdet ihr jede Menge über unsere
beiden Filme erfahren.

Das abgedruckte Drehbuch ist das Originaldrehbuch von Til
und mir. An ein paar Stellen werdet ihr Unterschiede zum fertig geschnittenen Film finden. Warum, weshalb und wieso
einige Szenen nicht im Film sind oder anders, erfahrt ihr natürlich.

Außerdem haben wir versucht, ein paar Geschichten und Erinnerungen vom Set und aus der Zeit des Schreibens zusammen-
zutragen.

Einige Leute »hinter den Kulissen« werden im Buch nament-
lich erwähnt. Das soll aber nicht heißen, dass nicht jeder Einzelne, der an diesen beiden Filmen mitgearbeitet hat, unglaublich wichtig und wertvoll gewesen wäre. Hätte man im Buch
mehr Platz, hätte es jeder Einzelne verdient, genannt zu werden.
Alle haben während der gesamten Zeit hundertfünfzig Prozent
gegeben!

Alex, du nettester Aufnahmeleiter der Welt, Christian, Meister des Szenenbilds, Jörn, Metin, Frankie, Tobi, Kerstin, Linlin
und so weiter und so weiter, wir wissen, was ihr geleistet habt.
Ohne euch wäre das alles nicht möglich gewesen! Wir bedanken
uns bei euch allen aus tiefstem Herzen!

Ansonsten wünschen wir euch, liebe Leser, viel Spaß mit unseren Geschichten und natürlich vor allem mit unserem Drehbuch, auf das wir sehr stolz sind.

Alles Liebe,
Til und Anika

ZWEI**OHR**KÜKEN

Written by
Til Schweiger & Anika Decker

Drehfassung

BLUMENWIESE A/T
SZENE GESTRICHEN

WOHNUNG ANNA LUDO/SCHLAFZIMMER I/T
SZENE GESTRICHEN

FLUGPLATZ A/T
Motorengeräusche. Ein großer Alphajet donnert über den Himmel. Er kreist und landet schließlich auf der Rollbahn. Aus dem Cockpit steigt Anna, in hautenger sexy Montur und Pilotenbrille. Sie zieht den Helm ab und schüttelt ihr langes, wallendes Haar auf. Sie sieht direkt in die Kamera. Wow!

ANNA: Na? Hallo, ... Anna Gotzlowski. Ich bin eine starke unabhängige Frau, die ganz genau weiß, was sie will. Ich hab eben kein Problem mit meinem Selbstbewusstsein. Ich steh voll auf meine Unabhängigkeit ... und natürlich auf meinen Freund: Ludo ... Ein toller Mann! Er ist unheimlich beliebt bei den Frauen und wird verdammt oft angebaggert. ... (STRAHLT) ... Das freut mich total für ihn! Es wertet mich ja als Frau nicht ab, dass andere Frauen auch attraktiv sind. ... Hab ich eigentlich schon erwähnt, wie verdammt gut mein Freund Ludo im Bett ist? ... Wow. Am liebsten mag ich Oralsex. Is natürlich klar, dass ich ihm, wann immer ich Zeit hab, einen blase. Klar, es gibt Frauen, die machen das nicht gerne. Ich dagegen kann mir nichts Schöneres vorstellen!

Und der Ludo ist ja so so gut im Bett! ... (VERKLÄRT) ... Oh ja ...
soooo sooooo guuuuuuuut ... so gut!!
Flugplatz-Anna zwinkert verschwörerisch.

ANNA (CONT'D): ... Hey Ludo, und weil du ja immer diese echt
geilen Angelina-Jolie-Phantasien hast, hab ich hier 'ne kleine Überraschung für dich ...
Anna macht den Reisverschluss von ihrem Pilotenoverall auf.
Wir sehen: Ein Bikinioberteil und riesige nagelneue Brüste!

ANNA (CONT'D): Na? Was sagst du? SUPER, oder ...?
Schhhhhh!! Plötzlich ohrenbetäubendes Wasserrauschen.
Piloten-Anna guckt sich verwirrt um.

FADE TO: WOHNUNG ANNA LUDO / SCHLAFZIMMER I / T
Ludo blinzelt irritiert. Es ist hell. Ein scharfer Tonfall schallt an
Ludos Ohr.

ANNA (HALLIGE OFFSTIMME): Na SUPER!!!
Schemenhaft erkennt er Anna, die mit heruntergelassenem
Bärchenschlafanzug gegenüber auf dem Klo sitzt. Die Was-
serspülung rauscht.

ANNA (CONT'D): Kannst du mir mal verraten, welchen Teil von
»Geh Klopapier kaufen!!!« du nicht verstanden hast ?????
Ludo macht unwillig ein Auge auf.

ANNA (CONT'D): ... Der Wasserhahn in der Küche tropft auch immer noch, und deine Sporttasche liegt im Flur und riecht ...
Ludo reibt sich verschlafen die Augen. Wir sehen Ludos ehe-
malige Junggesellenwohnung, die jetzt zur gemeinsamen
Pärchenwohnung geworden ist. Ludo greift sich an den Kopf
und stöhnt gequält.

LUDO (LANGGEZOGEN): Jaaa ... Mann, hab ich Kopfweh ...

ANNA: Denkst du, deine stinkigen Fußballklamotten kriegen
irgendwann Schimmelbeine und kriechen von selber in die Wasch-
maschine? ... Hast du wenigstens die leeren Flaschen weggebracht? Bestimmt wieder nich ...

LUDO: ... ...as für Flaschen? ... Klar hab ich die weggebracht ...
    Ludo zieht sich das Kissen über den Kopf.

ANNA: Mann, habt ihr gesoffen! Ich hoffe, der Moritz hat ausnahmsweise mal nich bei uns in die Einfahrt gekotzt!

LUDO (DURCH DAS KISSEN): Das macht der doch nich extra ...

ANNA: Los! Aufstehen!
    Zack, Anna zieht ihm die Decke weg.

LUDO: Aaaah, ich hab so 'n Kater ... Ich mach heute frei ...

ANNA: Haha, lustig ... los, raus aus'n Federn!

LUDO: Kannst du nicht mal heute für mich mitmachen? Nur ausnahmsweise ... bitte ...!

ANNA: Vergisses, Ludo! Hopp, wir müssen los! Du hast gleich die Waldprojektgruppe!!!
     Ludo wühlt sich aus dem Bett.

LUDO: Du hast ein Herz aus Stein ...

ANNA: Ja, ich weiß.

LUDO: Was war das Thema noch mal?

ANNA: Der Wahaald!

KINDERGARTEN / GARTEN I / T
     Alle Kinder sitzen im Kreis. Ludo sitzt in der Mitte auf einer
     großen Spieldecke. Er sieht ziemlich zerstört aus. Die Kinder
     gucken ihn mit großen Augen an.

LUDO: Heute geht's ja um den Wald, und ich hab mir ausgedacht,
dass wir uns dem Thema mal spielerisch nähern ... Habt ihr Lust
auf'n tolles Spiel?

KINDER: Jaaaaaa!

CHEYENNE-BLUE: Wie heißt denn das Spiel?

LUDO: Das Spiel heißt ...

Ludo beugt sich vor. Gespannte Blicke.

LUDO (CONT'D): Winterschlaf!!

CHEYENNE-BLUE (TONLOS): Winterschlaf ????

Ludo ignoriert die mangelnde Begeisterung.

LUDO: Also ... Ich bin der große dicke Bär, und ihr seid die kleinen Bärenkinder. Den ganzen Sommer lang sind wir durch die Gegend getollt, haben den Wald erkundet und hatten ganz viel Spaß zusammen! Aber jetzt sind wir soo furchtbar müde und freuen uns ganz doll auf den Schlaf, den wir uns verdient haben. Als erstes machen wir uns jeder ein schönes kuscheliges Winterbettchen ... so ...
Ludo klopft sich ein kleines Kissen zurecht. Keiner macht mit.

LUDO (CONT'D): ... Hmmmm ... schööön ...
Ludo kuschelt sich in die Spieldecke. Die Kinder gucken irritiert.

CHEYENNE-BLUE: Aber ...

LUDO: Schhhht ...
Ludo hat die Augen schon zu.

CHEYENNE-BLUE: Das Spiel macht kein Bock!

LUDO: Schhhhhh ... du weckst die Bären auf!

ALLEGRA: Den Bären! Wennschon ...

LUDO: So funktioniert das nicht! Ihr müsst euch hinlegen! Das Spiel geht nur, wenn sich alle hinlegen. Also, zappzarapp!
Die Kinder rollen mit den Augen und legen sich hin. Ludo guckt zufrieden, legt sich auf die Spieldecke.

14

LUDO (SCHLÄFRIG) (CONT'D): ... Die Bärenkinder haben jetzt endlich aufgehört zu quasseln und machen die Äuglein zuuuu ... drehen sich gemütlich auf die Seeiteee ... haben ein glückliches Lächeln im Gesicht und werden gaaaanz ruhig. Darauf haben sie sich den ganzen Sommer lang gefreut ... sie atmen tief ein und riechen die schöne frische Waldluft ... sie atmen tief aaaaus und ein ... und aus ...
    Ludo dreht sich auf die Seite. Er liegt jetzt sehr bequem. Er atmet tief. Er lächelt. Ludo ist weg. Cheyenne-Blue macht ein Auge wieder auf.

ALLEGRA (ZU CHEYENNE-BLUE): Ey, du sollst die Augen zumachen!

CHEYENNE-BLUE: Ich kann aber keinen Winterschlaf machen, wenn der große Bär so schnarcht.
    Alle lachen. Cheyenne-Blue setzt sich auf.

CHEYENNE-BLUE (CONT'D): Guck mal, dem Ludo läuft ganz viel Spucke aus dem Mund raus.
    Cheyenne-Blue nimmt sich eine schöne große Murmel und schiebt sie Ludo ins Nasenloch. Alle gucken gespannt. Ludo röchelt.

LUDO: Grrmmmpf!
    Cheyenne-Blue steckt noch eine in das andere Nasenloch. Das Schnarchen stoppt.

CHEYENNE-BLUE (STOLZ): Jetzt is Ruhe!
    Dafür hat Ludo jetzt den Mund ganz weit offen. Cheyenne-Blue guckt fasziniert in seinen Mund rein.

ALLEGRA: Iihhh is das eklig!
    Cheyenne-Blue hockt sich über Ludo und furzt ihm ins Gesicht.

CHEYENNE-BLUE: Jetzt weiß der Bär, wie's wirklich im Wald riecht!

    Die Kinder lachen sich kaputt. Plötzlich steht Anna da.

ANNA: Was macht 'n ihr da?

CHEYENNE-BLUE: Wir spielen Winterschlaf!!

    Anna zieht die Augenbrauen hoch.

ANNA: Aha. Winterschlaf. Soso ...

    Anna guckt den schnarchenden Ludo böse an.

ANNA (LIEB ZU DEN KINDERN) (CONT'D): Und wollt ihr denn alle mal wissen, was passiert, wenn der Frühling kommt?

    Alle nicken gespannt. Anna nimmt eine Plastikschaufel und klopft Ludo damit auf den Kopf.

LUDO: Aaargh!
> Er fährt erschrocken hoch.

CHEYENNE-BLUE (FRÖHLICH ZU LUDO): Der Frühling is da!
> Alle lachen. Anna guckt Ludo vorwurfsvoll an.

LUDO (UNSCHULDIG): Die Kinder waren alle so müde, da muss
ich wohl auch eingeschlafen sein ...

ANNA (GRINST): Is klar.

KINDERGARTEN / BASTELECKE I / T

ECU: Ratternde Nähnadel. Ludo konzentriert wie eh und je an
der Nähmaschine. Die Kinder basteln wieder einmal Oster-
sachen: diesmal Küken.

CHEYENNE-BLUE: Was sitzt auf dem Baum und sieht aus wie ein Eichhörnchen?
Ludo überlegt kurz.

LUDO: Keine Ahnung.

CHEYENNE-BLUE: 'n Eichhörnchen!!
Ludo muss lachen.

LUDO: Wo hast'n den her?

CHEYENNE-BLUE: Hab ich mir ausgedacht.
Ludo lässt die Nähnadel hochschnappen.

LUDO (STOLZ): Fertig!
Er hält sein Werk hoch, ein dickes gelbes Küken mit viel zu großen Hängeohren. Ludo guckt stolz in die Runde. Pause.

CHEYENNE-BLUE: Was soll das denn sein?

ANNA: ... Sieht aus wie 'n gelbsüchtiges Schlappohr-Hängebauchschwein!
Ludo betrachtet sein Küken.

LUDO: Gar nicht. Das hier, das is ... (GRINST) die Freundin vom Keinohrhasen!

CHEYENNE-BLUE: Wie heißt die Freundin vom Keinohrhasen?

LUDO (ÜBERLEGT): ... Ähem ... äh ...

ANNA: Gelbsuchtschlappohrhängebauchschwein!

LUDO: Zweiohrküken!

ANNA (GRINST): Zweiohrküken?!

LUDO: So sieht's aus.

CHEYENNE-BLUE: Aber Küken haben doch keine Ohren!

LUDO: Ab heute schon!
    Skeptischer Blick von Cheyenne-Blue. Ludo guckt in die Runde.

LUDO (CONT'D): Wie findet ihr's?

CHEYENNE-BLUE: Süß ... Wieso hat das Küken Ohren?

LUDO: Na weil ... weil ... (ÜBERLEGT)

ANNA (GRINST): ... weil der Ludo nich basteln kann ...?

LUDO: ... es sich die so sehr gewünscht hat!

CHEYENNE-BLUE: Warum ...?

LUDO: Warum was?

CHEYENNE-BLUE: Warum es sich die so sehr gewünscht hat?

LUDO: Na weil ... weil es doch so gerne fliegen möchte ...
    Anna grinst noch mehr.

CHEYENNE-BLUE (STAUNT): Das kann mit seinen Ohren fliegen?
    Alle gucken Ludo an. Stirnrunzeln. Ludo zuckt mit den
    Schultern.

LUDO: Ja, nur, wenn's viel Wind hat.
    Cheyenne-Blue schaut Ludo gespannt an.

LUDO (CONT'D): ... und wenn der Wind von Nordwest kommt ...
ab Windstärke vier, dann stellt es seine Ohren in den Wind und
hebt ab, so ...
    Ludo hebt die Ohren hoch und lässt das Zweiohrküken
    fliegen.

LUDO (CONT'D): ... das Zweiohrküken guckt sich dann alles von
oben an, weil man von dort die beste Aussicht hat! Es war schon in
der Türkei, ganz oft in der Antarktis, in der Lüneburger Heide und
hinterm Mond!
    Anna guckt Ludo an. Sie lächelt. Cheyenne-Blue ist verzau-
    bert, denkt nach ...

CHEYENNE-BLUE: Dem sind die Ohren gewachsen, einfach weil es sich die so doll gewünscht hat ...?

LUDO: Ja ... wenn man sich etwas ganz feste wünscht, also wenn man wirklich will, dass etwas in Erfüllung geht, dann passiert das auch ... wenn man ganz fest dran glaubt ...
    Annas Blick ist ganz weich. Sie sieht Ludo voller Liebe an.

WOHNUNG ANNA LUDO I/N
    Ludo steht ausgehfertig parat. Anna huscht an ihm vorbei. Sie hat ein Kleid an.

ANNA: Das war echt süß vorhin, die Ohrengeschichte ...

LUDO (UNGEDULDIG): Ja. Danke. Können wir jetzt?

ANNA (IM LAUFEN): Nur noch die Schuhe. Dann bin ich ruckzuck fertig!
    Ludo guckt auf die Uhr, atmet aus.

LUDO: Hast du eben schon gesagt.
    Anna kommt, hat jetzt ein paar Schuhe an und ein zweites Paar höhere in der Hand, zeigt es hoch.

ANNA: Die neuen oder die?

LUDO: ... Äh ... (ER ZEIGT AUF DIE HOHEN) ... die?
    Anna guckt unzufrieden auf die Schuhe in ihrer Hand.

ANNA: Gefallen dir die anderen nicht?

LUDO: Hab ich nich gesagt.

ANNA: Aber die hier gefallen dir besser?
    Ludo weiß, was jetzt kommt.

LUDO (VORSICHTIG): Sie sind beide schön.

ANNA: Aber du hast doch gesagt, ich soll die nehmen?

LUDO: Du hast mich gefragt. Ich habe geantwortet. Es war nur ein Vorschlag.

ANNA: Ein Vorschlag. Aha.
    Kurze Pause.

ANNA (CONT'D): Die sind aber unbequem.

LUDO (ZEIGT AUF DIE ANDEREN): Dann nimm die anderen.

ANNA: Die sind noch unbequemer!

LUDO: Wieso hast du sie dir dann gekauft?

ANNA: Weil sie runtergesetzt waren. In meiner Größe gab's die nicht mehr!

LUDO: Du hast dir Schuhe gekauft, die dir nicht passen?

ANNA: Die passen ja. Ich komm ja rein. Mann, ich würd mir ja auch gern mal so richtig schöne kaufen, aber wir sind ja immer pleite.

LUDO: Du hörst mir nich zu! Ich hab doch eben gesagt, die sind beide schön. Dann nimm doch die, die bequemer sind! Können wir jetzt los?

ANNA: Aber ich will doch, dass du mich schön findest.

LUDO (ATMET TIEF DURCH): Ich find dich schön mit den Schuhen und mit den Schuhen. Ich find dich auch schön, wenn du gar keine Schuhe anhast!

ANNA: Du kannst dich nicht entscheiden. Das is dein Problem!

LUDO: Können wir jetzt los? Wenn das so weitergeht, is der Laden zu.

ANNA: Mann, du bist echt 'ne Hilfe!
    Ludo rollt mit den Augen.

ANNA (CONT'D): Also, du findest die ersten schöner?

LUDO: Welche?

ANNA: Na die, die du zuerst gesagt hast ...

LUDO: ... Oh Mann ... ich hab keinen Bock mehr. Komm, wir bleiben zu Hause.

> Ludo setzt sich wieder. Anna guckt auf die Schuhe in ihrer Hand.

ANNA: Nix da. Wir machen Party heute Abend!

LUDO: Schatzi, wenn du dich nich endlich entscheidest, is die Party vorbei!

> Anna schaut auf die Uhr.

ANNA: Ich nehm die.

> Ludo klatscht in die Hände und steht auf.

LUDO: Na endlich!

ANNA (ÜBERLEGT): Aber die passen nicht zu dem Kleid.

> Anna flitzt wieder weg.

ANNA (RUFT) (CONT'D): Ich zieh 'n anderes Kleid an! Geht ruckzuck!

> Ludo hat aufgegeben. Er lässt sich auf die Couch fallen.

COOLE DISCO I / N

> Anna und Ludo sind auf der Tanzfläche. Sie haben Spaß, tanzen zusammen und knutschen rum. Moritz steht an der Bar und scannt die Lage. Er ist super drauf. Er spricht zwei schöne Frauen an.

MORITZ (AUGENZWINKERND): Na, alles ticki-tacki?

SCHÖNE FRAU 1: Was is los?

MORITZ: Ticki-tacki! Ich würd dich gern kennenlernen!

Die zwei schönen Frauen schauen sich an und lachen sich schlapp.

MORITZ (STRAHLT) (CONT'D): Was is so lustig? Ich würd gern mitlachen ...

SCHÖNE FRAU 2: Wo hast'n den Spruch her?

MORITZ (STOLZ): Den hab ich mir ausgedacht! Der is sozusagen original.

SCHÖNE FRAU 1: Na herzlichen Glückwunsch!

MORITZ: Danke!
Sie gehen. Moritz steht da. Auf der anderen Seite Anna und Ludo. Anna verzieht das Gesicht.

LUDO (IN ANNAS OHR): Was is?
   Anna zeigt nach unten.

ANNA: Meine Füße tun so weh!

LUDO (RUFT GUT GELAUNT): Zieh sie aus!

ANNA: Hier liegen doch tausend Scherben rum!

LUDO: Soll ich dich tragen ...?
   Ludo hebt Anna hoch.

ANNA: Au!

LUDO: Was is los?

ANNA (MUSS LACHEN): Mein Kleid kneift. Das is viel zu eng!

LUDO: Wieso hast du's dann angezogen?

ANNA (GRINST): Na weil's so gut zu den Schuhen passt!
Ludo muss grinsen.

ANNA (CONT'D): Ich muss aufs Klo.
Sie geht. Moritz bei der Tanzfläche. Er sieht sich um und entdeckt die nächste süße Maus (Shermine). Moritz tanzt sie an.

MORITZ: Hi, ich bin ein Single!! Hast du Bock zu tanzen?
Die »süße Maus« verzieht das Gesicht.

MORITZ (CONT'D): Is was? Hab ich Mundgeruch?
Moritz bläst sich in die Hand.

SHERMINE: Du stehst auf meinem Fuß!

MORITZ (FREUT SICH): Du stehst auf'n Kuss? Jetzt gleich ...?

SHERMINE: Nee, auf'n Fuhuuuß!!!

MORITZ: Ich würd lieber auf'n Mund ...
Moritz zwinkert ihr zu, tanzt ganz nah an sie ran.

SHERMINE: Bist du doof?

MORITZ: Sorry, ich steh nich auf Füße!
Thomas Kretschmann schiebt sich dazwischen.

MORITZ (CONT'D): Hey, schieb ab, wir flirten hier gerade!
Doubletake.

MORITZ (BEGEISTERT) (CONT'D): Thomas Kretschmann!!!

THOMAS KRETSCHMANN: Kannst du mal vom Fuß von meiner Freundin runtergehn???

MORITZ: Was? Ja klar! Für dich doch immer!
>Thomas Kretschmann fängt an, mit ihr zu knutschen. Moritz ist starstruck.

MORITZ (CONT'D): Das is ja 'n Ding! Der Thomas Kretschmann und die Shermine Sharivar! ... Ich dachte, ihr seid gar nicht mehr zusammen ...?

THOMAS KRETSCHMANN: Du musst ja nich alles glauben, was in der Presse steht.
>Thomas Kretschmann dreht sich wieder zu seiner Freundin. Moritz steht da und starrt. Thomas dreht sich um.

THOMAS KRETSCHMANN (CONT'D): Willst du 'n Autogramm?

MORITZ: Gerne! Das wär super! Für Moritz!
>Kretschmann rollt mit den Augen und lässt Moritz stehen.

COOLE DISCO / TOILETTE I / N
>Anna steht vor dem Spiegel und versucht verzweifelt den Reißverschluss von ihrem Kleid zuzukriegen. Eine super-hübsche Modeltyp-Frau (MARIE) kommt rein.

MARIE: Kann ich dir helfen ...?

ANNA (NETT): Das wär lieb ... Mein Kleid is so eng ... Ich krieg fast keine Luft mehr ...

MARIE: Warte, das haben wir gleich ...
>Marie zerrt, mit einem Ruck hat sie den Verschluss in der Hand.

MARIE (CONT'D): Uuups ...

ANNA: Na super ...
   Marie muss grinsen. Anna dreht sich und betrachtet das
   Desaster im Spiegel.

ANNA (CONT'D): So kann ich doch jetzt nicht wieder da raus ...,
ich seh aus wie 'ne aufgeplatzte Weißwurst ...

MARIE: Stress dich doch nich wegen so 'nem Scheiß ... is mir auch
mal passiert, als ich noch pummelig war, da musste ich mich auch
jedes Mal in viel zu enge Kleider zwängen ... das macht wirklich
keinen Spaß ...
   Anna setzt sich auf die Bank. Sie zieht mit schmerzverzerrtem
   Gesicht ihre Schuhe aus.

ANNA: Aua ...

MARIE (GESPIELT BESORGT): Was is?

ANNA: Von neuen Schuhen krieg ich immer Blasen.

MARIE (KICHERT): Echt? Bei mir isses immer genau umgekehrt!
   Marie freut sich über ihren Spruch.

MARIE (CONT'D): Was machen wir denn jetzt mit dir ...?

ANNA: Ich geh da auf jeden Fall nich raus!

MARIE: Willst du jetzt für immer hier auf'm Klo bleiben?

ANNA: Nich für immer, nur bis mein Freund mich hier rausholt ...

MARIE: Biste sicher ...?

ANNA: Klar, der fängt gleich an sich Sorgen zu machen und sucht mich …

MARIE: Wie du meinst …
Marie zuckt mit den Schultern und geht raus. Anna guckt sich noch mal von hinten an.

COOLE DISCO I / N
Moritz sitzt an der Bar. Er versucht eine Unterhaltung mit dem Barmädchen.

BARMÄDCHEN: Willste was trinken?

MORITZ (ZWINKERT MIT DEN AUGEN): Ja. 'N Sex on the beach!

BARMÄDCHEN (COOL): Ham wir nich.

MORITZ: … Dann hätt ich gern 'n Orgasmus!

BARMÄDCHEN: Hätt ich auch gern.

MORITZ: Du kannst dir ja auch einen machen.

BARMÄDCHEN: Bitte? Soll ich die Security rufen?

MORITZ: Was denn? Ich will nur 'n Cocktail!

BARMÄDCHEN: Junge, du stehst an der Sektbar!

MORITZ: Gibst du mir wenigstens deine Nummer?
Sie schreibt eine Nummer auf einen Zettel. Moritz kann sein Glück gar nicht fassen.

MORITZ (CONT'D): **Nee jetzt, oder?**
  Sie drückt ihm den Zettel in die Hand.

BARMÄDCHEN: **Das is die Nummer von der Flirtakademie.**
  Andere Seite Tanzfläche. Ludo will gerade trinken, da hält
  ihm jemand von hinten die Augen zu.

LUDO: **Anna?**

MARIE: **Ganz kalt.**
  Ludo dreht sich um.

LUDO: **Marieee!**
  Ludo freut sich. Sie umarmen sich.

MARIE: **Hmm, du fühlst dich gut an. Du hast dich ja gar nich verändert ... knackig wie eh und je ...**
  Ludo ist geschmeichelt.

COOLE DISCO/TOILETTE I/N

Anna im Vorraum vom Klo. Sie sitzt immer noch auf der Bank. Eine andere Frau zieht sich gerade Lipgloss nach, guckt Anna mitleidig über den Spiegel an.

COOLE DISCO I/N

Marie geht ziemlich nah an Ludo ran.

MARIE: Wie isses dir denn so ergangen ...

LUDO: Gut! Ich hab jetzt 'ne Freundin.

MARIE: Das ist doch super!
Sie rückt näher an Ludo ran.

MARIE (HAUCHT IHM INS OHR) (CONT'D): Ich hab auch 'n Freund ... das is aber 'n Vollspacko ...

LUDO: Hhm ...

MARIE (RAUNT): Weißt du noch, wie du mich in Kärnten in dem Heuschober durchgebumst hast ...?
Ludo muss grinsen.

MARIE (CONT'D): ... und der Bauer dann hinter uns her ist mit der Mistgabel ...?

LUDO: ... und du warst so angepisst, weil wir dein Versacekleid zurückgelassen haben ...

MARIE: Rückblickend muss ich sagen, das war es wert.
Marie rückt noch näher.

COOLE DISCO/TOILETTE I/N

Anna guckt sich im Spiegel an. Sie atmet tief durch und geht raus. Sie geht aus der Tür …

COOLE DISCO I/N

… durch den Club, ignoriert die Blicke auf ihr Weißwurst-Rückenteil, kämpft sich durch und entdeckt Ludo ganz eng neben Marie. Als Anna näher kommt, sieht sie gerade noch, wie Ludo seine Nummer auf einen Zettel schreibt und ihn Marie gibt.

MARIE: Merci, Monsieur …

Anna kann nicht glauben, was sie da sieht und tritt Marie »aus Versehen« auf die Hand. Feste.

MARIE (CONT'D): AUA!!!!!

Ludo und Marie drehen sich um.

ANNA: Oh, 'tschuldigung … hab ich nicht gesehen …

LUDO: … Das is übrigens Anna, meine Freundin … Anna, das is Marie …

ANNA: Wir kennen uns schon vom Klo.

MARIE: Tja, ich würd dir ja jetzt echt gerne die Hand geben, aber ich glaub, da is jetzt 'n Loch drin …

Ludo begutachtet besorgt Maries Hand. Annas Absatz hat einen bleibenden Eindruck hinterlasssen.

LUDO: Oh Gott, das sieht ja schlimm aus …

Anna steht da.

ANNA: Das is vielleicht im Moment 'n bisschen geschwollen ... Ludo, ich würd jetzt gerne gehen!

LUDO: Jetzt schon? Ich dachte, wir wollten richtig Party machen?

ANNA: Ludo, mein Kleid is aufgeplatzt, meine Füße tun weh, ich hab 'ne Stunde auf'm Klo gesessen und auf dich gewartet ... Ich hab echt keine Lust mehr ... außerdem bin ich müde ...

WOHNUNG ANNA LUDO I/N
Anna liegt im Bett. Ludo krabbelt dazu. Anna dreht ihm den Rücken zu.

LUDO: Is irgendwas ...?

ANNA: Was solln sein ...?

LUDO: Du bist so komisch ...

ANNA: Pfff ... Pause.

ANNA (CONT'D): Wer war das?

LUDO: Wer?

ANNA: Na die, mit der du da gesessen hast ...

LUDO: Die, wegen der du vorhin so 'n Aufstand gemacht hast ...? Is ne ganz alte Freundin ... Wieso?
Kleine Pause.

ANNA: Ich hab doch keinen Aufstand gemacht ...

LUDO (GRINST): Komm, ich hab's doch gesehen. Du hast der doch extra auf die Hand getreten.

ANNA: Hab ich nich.

LUDO: Hast du wohl.

ANNA: Hab ich nicht!

LUDO: Wohool ...
>   Zum ersten Mal dreht Anna sich über ihren Rücken und spricht Ludo direkt an.

ANNA: Nein, wieso soll ich der denn extra auf die Hand treten, bitte schön?
>   Anna dreht sich wieder um.

ANNA (CONT'D): ... Ich fand die total nett.

LUDO (PERPLEX): Echt?

ANNA: Ja.
>   Ludo kuschelt sich erfreut an Anna.

LUDO: Das freut mich. Das wär 'ne tolle Freundin für dich. Ihr würdet euch bestimmt super verstehen!
>   Annas Blick: This is not happening.

LUDO (CONT'D): Mit der kann man echt Pferde stehlen ...

ANNA (TROCKEN): Davon bin ich überzeugt.
>   Ludo ist glücklich.

LUDO: ... Ich liebe dich.

ANNA: Ich dich auch.
Anna gibt Ludo einen Kuss und macht das Licht aus.

WOHNUNG ANNA LUDO / KÜCHE I / T
Nächster Morgen: Anna schlurft in die Küche. Sie stolpert über Ludos olle Sporttasche. Sie tritt die Tasche weg, öffnet dann den Kühlschrank. Sie nimmt eine Milchtüte aus dem Kühlschrank, hält sie über den Kaffee. Nix passiert.

ANNA (RUFT): Hast du Milch gekauft?!
Keine Reaktion.

ANNA (CONT'D): ... Wo die Milch is?!

LUDO (RUFT ZURÜCK, O. S.): Ich schlaf noch!
Anna wirft die leere Milchtüte in den Müll, öffnet den Vorratsschrank und eine Million Leergutflaschen knallen ihr auf den Kopf.

LUDO (O. S.) (CONT'D): Mann, was machst'n du für 'n Krach?!! Ich will pennen!
Anna atmet tief aus.

LUDOS WOHNUNG / SCHLAFZIMMER I / T
Wochenende. Ludo liegt verstrubbelt im Bett. Anna kommt rein, mit einer Flasche in der Hand.

ANNA: Was is das?

LUDO: Hä?

ANNA: Was das is, hab ich dich gefragt?!
   Ludo guckt hoch.

LUDO: Das is 'ne Flasche.

ANNA: Aha!

LUDO: Was »aha«?

ANNA: Und was macht die hier, die Flasche?

LUDO: Keine Ahnung! Frag sie doch.

ANNA: Der Herr hat also keine Ahnung? Aha!
   Anna hält die Flasche anklagend in die Luft.

ANNA (THEATRALISCH) (CONT'D): An der hätt ich mir eben fast
den ganzen Bauch aufgeschnitten!

LUDO: Das is 'ne Plastikflasche.

ANNA: Das war pures Glück, mein Freund!!

LUDO: Komm doch wieder ins Bett, ... wir ham frei heute ...

ANNA: ... Seit Wochen sag ich dir jeden Tag: Bring die Flaschen weg! Und gestern frag ich dich noch, und du lügst mich an, ohne mit der Wimper zu zucken!
      Ludo schlägt die Decke zurück.

LUDO: Na gut, ich steh jetzt auf mitten am Wochenende und bring die Scheißflaschen weg, wenn's dich glücklich macht ...

ANNA: Es macht echt keinen Spaß, dich mal um 'n bisschen Hilfe zu bitten!

LUDO: Mann, ich mach's doch!

ANNA: Ja, aber so will ich das nicht!

LUDO: Hä?

ANNA: Guck dich mal an, wie du schon wieder guckst. Das is doch Scheiße! Ich will, dass du mir <u>gerne</u> hilfst!

LUDO: O. k., du willst nicht, dass ich einfach nur die Flaschen wegbringe, sondern du willst, dass ich die Flaschen <u>gerne</u> wegbringe?!

ANNA: Ja, will ich!

LUDO: Ich bring aber nicht gerne Flaschen weg! Kein Mensch bringt gerne Flaschen weg! Erst recht nicht am Wochenende!

ANNA: Du hattest 4 Wochen Zeit! Ludo, ich seh das so: Wenn man jemanden liebt und respektiert, dann macht man auch mal gerne was für den anderen, auch wenn's einem gerade nicht in den Kram passt. Und vor allem lügt man den anderen auch nicht an!

LUDO: Wenn ich hier sagen soll, dass ich jetzt gerne zur Tankstelle fahre mit einer Million Flaschen im Auto, muss ich aber lügen!

ANNA: Is dir doch vorher auch nich so schwergefallen mich anzulügen!

LUDO: Ich hab dich nicht angelogen!

ANNA: Du hast gesagt, du hast es gemacht!

LUDO: Ja, aber da hab ich doch nicht gelogen, weil ich's doch auf jeden Fall machen wollte, aber dann hat sich das Zeitfenster, in dem ich's machen wollte, verschoben und, das hab ich einfach nur vergessen dir zu sagen! So!

ANNA: Ach so ... nicht gelogen ...?

LUDO: Sag ich ja.

ANNA: Klar, mein Freund lügt nicht, der vergisst einfach nur mir auszurichten, wie sich seine Zeitfenster verschoben haben!! »Oh, liebe Anna, ich hab schon seit zwei Jahren 'ne neue Freundin, ich hatte nur blöderweise vergessen, dir zu sagen, dass sich unser Beziehungszeitfenster verschoben hat!«

LUDO: Hä?!
    Ludos Telefon klingelt.

LUDO (CONT'D): Hallo? Hey ... is grad ganz schlecht ... ich bin

(MIT BLICK AUF ANNA) in einer Besprechung. Ich ruf dich zurück, okay?

Klick.

ANNA: Hast du's jetzt?! Das is doch wieder typisch. Ich bemüh mich hier und setz mich dezidiert mit unserer Beziehung auseinander, und bei der ersten sich bietenden Gelegenheit flüchtest du aus der Situation!

LUDO: Mein Handy hat geklingelt!

ANNA: Das hab ich gesehen, ich bin ja nich blöd! ... Mann, kapierst du eigentlich irgendwas?

LUDO: Tut mir leid, ich mach mein Diplom in Frauenlogik erst nächstes Jahr!

ANNA (REDET SICH IN RAGE): O. k., du sagst mir, dass du was erledigt hast, worum ich dich gebeten habe, in Wirklichkeit hast du's aber nich erledigt und hoffst nur, dass ich dir nicht auf die Schliche komme, dann find ich raus, dass du's nicht erledigt hast, und sage dir, dass du gelogen hast, und du sagst »nein«. Dann frag ich mich natürlich, was das über unser Vertrauensverhältnis aussagt, und dann is doch klar, dass ich, wenn ich das komplett überdenke, mich fragen muss, ob überhaupt irgendwas stimmt oder nicht. Im Grunde genommen machst du doch nie das, worum ich dich bitte, und dann tust du am Ende immer so, als wär alles ganz anders gewesen!!! Du machst doch sowieso immer nur, was du willst, und hast nie auch nur den Ansatz von schlechtem Gewissen! Aber analysier das doch mal vernünftig, und dann sag mir mal genau, was das wieder im großen Bogen heißt ...

Ludo schwirrt der Kopf.

LUDO: ... Äh ...

ANNA: Es geht doch um das große Ganze, und da sind die Flaschen doch quasi nur der Mikrokosmos für den Makrokosmos. Das ist doch wohl nicht so schwer zu verstehen, oder?

LUDO: ... Ja.

ANNA: ... Ja ...?

LUDO: Ja ... du hast Recht!

ANNA (VERWIRRT): Wie jetzt?

LUDO (NICKT): Hmhm. Du hast absolut Recht!
> Pause. Anna ist fassungslos. Ludo lächelt sie an.

STRASSE A/T
> Ludo und Moritz im Auto. Moritz kann man fast gar nicht sehen vor lauter Flaschen.

MORITZ: Was hast du gesagt?! Wie bitte ...? ... Also, das versteh ich nich.

LUDO: Ich auch nich ... Kriegt wahrscheinlich ihre Tage oder so.

MORITZ: Ich mein doch nicht, was Anna sagt, du Eule! Ich red von dir! Ich mein, wenn du genau weißt, dass sie im Unrecht ist, kannst du doch nich sagen, dass sie recht hat! Das is doch ... das is doch ... Selbstverleugnung! Hast du keinen Stolz?!
> Ludo lacht auf.

LUDO: Ganz falscher Ansatz! Wenn sich 'ne Frau mit dir anlegt, und es kommt an den Punkt, wo sie nich mal mehr selber kapiert, worum's eigentlich geht, wenn sie dir richtig Stress macht, also

wenn sie verrückte Augen kriegt, und es geht los mit »immer machst du« und »nie tust du«, dann sitzt du richtig in der Scheiße, dann kommen die vom Hundertsten ins Tausendste, rollen alle deine Fehler aus den letzten tausend Jahren auf, erinnern sich an alles, was du schon längst vergessen hast oder im Zweifelsfall 'n ganz anderer Typ verbrochen hat, und wenn das losgeht, dann <u>kannst</u> du gar nicht mehr gewinnen! Wenn du Interesse an 'ner guten Beziehung hast, dann musst du eben genau da den Kompromiss machen! Hab ich keinen Stolz? Vielleicht! Verleugne ich mich? Scheißegal! Ich will meine Ruhe haben ... das is Psychologie ...!

FRÜHSTÜCKSKAFFEE A/T
        Anna und ihre Freundinnen im Gespräch in einem schönen
        Restaurant beim Brunch.

ANNA: Für wie blöd hält der mich eigentlich ...?
        Betretenes Schweigen.

LENA: ... Das muss ja auch nich böse gemeint sein, das is wie so 'ne Art Reflex. Wenn 'ne aufgeregte Frau vor denen steht, dann rauscht es in ihren Ohren, und sie wollen, dass es aufhört ...

CARO: Das is wie bei 'ner Hundepfeife, das is für den Hund auch ein ganz unangenehmer Ton ...

ANNA: Der Ludo hat mal mitten in einem Streit Ohrenentzündung gekriegt und dann konnte er angeblich nichts mehr hören ...

JUDITH (MUSS LACHEN): Nee oder ...?

ANNA: ... oder wenn er was reparieren soll, lädt er immer den Moritz zu uns ein, und dem erzählt er dann den ganzen Abend, wie irre super Heimwerken is, bis der Moritz ihn dann anbettelt, ob er's nich reparieren kann ...
      Alle lachen.

CARO: Blöd isser ja nich, das muss man ihm lassen ...

LENA: Der Ludo is echt die faulste Sau überhaupt! Faul und gerissen ...

ANNA: Aber kochen tut er wenigstens ...

LENA: Und dann saut er alles voll, macht jedes Mal nur »Pasta à la Ludo«, und dann kommt seine tolle Regel ins Spiel: »Der Koch muss niemals aufräumen!«...

JUDITH: Der Koch hat ja auch seine Bedienstete, die ihm schön alles hinterherräumt ...
      Wieder Lachen.

ANNA (GRINST): ... Irgendwie hatter für alles 'ne super Begründung. Den Holzboden putzt er nich, weil das Wasser die Dielen

aufweicht, einkaufen geht er nich gerne, weil er das nicht aushalten kann, wenn die an der Kasse immer so lahm sind, und flirten tut er auch nie, sondern sich nur nett mit »guten alten Freundinnen« unterhalten, die zufällig riesige Möpse haben!!!

LENA: Ja genau, die Sorte alte Freundin kenn ich ...

JUDITH: Ich möcht mal einen Typen sehen, der sich auch nur länger als fünf Minuten mit 'ner hässlichen dicken alten Freundin unterhält ...

CARO: Sieht die Marie wirklich gut aus ...?

ANNA: Eher billig ...

CARO: Also sieht sie super aus?

ANNA: Nee billig, hab ich doch gesagt. ... Vielleicht auf eine ganz billige Art auch irgendwie super ...
Die Freundinnen werfen sich Blicke zu.

JUDITH: Und? Hat sie ihm schon 'ne »süße SMS« geschickt?

ANNA (ENTSETZT): Was denkt ihr denn von mir? Ich guck doch nich in Ludos Handy!

JUDITH: Wieso denn nich?

ANNA: Weil ich meinem Freund eben nich hinterherschnüffele. Da kann ich's ja gleich lassen, okay ...?
    Anna guckt widerwillig. Caro atmet tief aus.

CARO: Na gut, dann halt nich, ich kann dir aber genau sagen, was passiert: Am Anfang schleimt sie ihm die Ohren voll über dich, »Oh, was hast du für 'ne nette Freundin, Ludo«, laberlaberlaber, damit er keinen Verdacht hegt und damit du jedes Mal, wenn du was Gemeines über sie sagst die eifersüchtige Stutenbeißerin bist. Wenn ihr der Trick also erst mal gelungen ist, dann fährt sie voll auf: Sie schreibt ihm süße SMS, sie erzählt ihm, wie toll sie ihn findet als Mann und dass sich jede Frau ja glücklich schätzen könnte, bis er so richtig, richtig gebauchpinselt ist. Und nebenher packt sie die alten Geschichten aus: »Weißt du noch, wie toll wir da und da gepoppt haben? Weißt du noch, wie superverrückt wir immer waren und wie locker und toll und frei??« Um das Ganze dann noch richtig zu unterstreichen, wedelt sie dann die ganze Zeit mit ihren kümmerlich bedeckten Möpsen vor seiner Nase rum!

LENA: Und jedes Mal, wenn du Stress machst, denkt der da dran.

CARO: Du bist dann die spießige Alte, die immer unzufrieden ist, und der fängt an, sich nach der verrückten Fickmaus zu sehnen!

ANNA: Ich schnüffel trotzdem nich rum ...

JUDITH: Aber wenn 'n Typ immer seine Sachen rumliegen lässt,

45

dann kann's aber auch sein, dass er <u>will</u>, dass man da rumschnüffelt!

CARO: Und wenn zum Beispiel was auf'm Boden rumliegt, kann man ja wohl nix dafür, wenn man da beim Aufräumen zufällig reinguckt ...

ANNA: Ich denk, ich soll dem nix mehr aufräumen?

LENA (GRINST): Stinkende Socken und Essensreste nich – Kreditkartenabrechnungen und Handys schon ...

EINKAUFSVIERTEL BERLIN MITTE A/T
Anna schlendert an typischen Berlin-Boutiquen vorbei. Das Schaufenster eines luxuriösen Wäscheladens. Allerlei Hauchzartes aus schwarzer Spitze in der Auslage. Anna überlegt, dann betritt sie den Laden.

WÄSCHEBOUTIQUE I/T
Anna sieht sich um. An einem Ständer sind mehrere dezentere BHs drapiert, Anna befühlt den Stoff. Sofort schießt eine Verkäuferin herbei.

VERKÄUFERIN: ... Die lassen sich ganz toll waschen, das is alles reine Baumwolle ...

ANNA: Hmmm ... ich würd vielleicht gerne mal was aus Seide ausprobieren, vielleicht in Schwarz oder Rot oder so ...

VERKÄUFERIN (NICKT): ... Hmhm verstehe, was Freches ... A-Körbchen?

ANNA (ENTSCHIEDEN): Nee B, auf jeden Fall B! Oder C!

VERKÄUFERIN (GUCKT ZWEIFELND): Na gut ... Hier, nehmen Sie das doch schon mal mit ...
    Anna verschwindet in der Kabine. Der Vorhang der Nebenkabine geht auf. Marie kommt raus. Sie hat eine sexy Korsage an und sieht damit aus wie Pamela Anderson in Barb-Wire.

VERKÄUFERIN (CONT'D): Wahnsinn!!!!
    Marie zupft an sich herum.

MARIE (ZUR VERKÄUFERIN): Ja, aber oben ist es irgendwie zu eng, glaub ich ...
    Die Verkäuferin guckt.

VERKÄUFERIN: Hmm, dann hab ich nur noch Doppel-D, hier.
    Marie nimmt das Teil und verschwindet wieder in der Kabine. Zosch, der andere Vorhang geht auf. Anna steht da.

ANNA: Und?

VERKÄUFERIN: Hmmm ...
    Anna steht da wie bestellt und nicht abgeholt. Sie trägt die gleiche Korsage wie Marie, die jedoch wie ein Brett vom Oberkörper absteht. An den Füßen hat Anna ihre Lieblingskniestrümpfe mit lustigen Bärchen.

VERKÄUFERIN (VORSICHTIG) (CONT'D): Hmm ... ich denk mal von den Hüften und vom Bauch her sitzt es ein bisschen stramm, und oben füllen Sie's nich richtig aus ...
    Anna guckt an sich runter.

ANNA: Das heißt, ich hab keine Oberweite und dafür aber Gott sei Dank 'n richtig dicken Hintern ...

VERKÄUFERIN (ZWINKERT IHR ZU): Ach was ... Ich hab hier was,

damit können Sie richtig toll tricksen!
> Die Verkäuferin gibt Anna zwei rosa Einlegebrüste.

VERKÄUFERIN (IM GEHEN) (CONT'D): ... Unsere Geheimwaffe für uns von der Natur weniger reich Beschenkten ... hihi ...
> Anna betrachtet die Gummibrüste in ihrer Hand. Zosch – der andere Vorhang geht auf: Marie, in ihrer gesamten Schönheit. Anna erstarrt zur Salzsäule.

MARIE (KREISCHT): Hey Anna!! Das is ja 'n Ding!!

ANNA: Marie ...
> Marie umarmt Anna. Anna ist steif wie ein Brett.

VERKÄUFERIN: Das ist wirklich ungewöhnlich, dass jemand so schmal gebaut ist wie Sie und dann ein D-Körbchen hat, Sie sind ja wirklich sehr, sehr schlank!
> Marie begutachtet sich im Spiegel.

MARIE: Dabei ess ich wie 'n Scheunendrescher, aber ich nehm einfach nicht zu ... Mir isses sogar schon passsiert, dass Leute gedacht haben, ich wär magersüchtig ... Das ist total verletzend ... (ZU ANNA) Sei bloß froh, dass du normal bist ...
> Anna atmet tief ein.

ANNA (BEMÜHT NETT): Tja, das muss man sich echt mal vorstellen, dass es Leute gibt, die sich um den Hunger in der Welt und solchen Quatsch kümmern, wo es doch Menschen wie dich gibt, die wirkliche Probleme haben!
> Anna lächelt nett. Eins zu null.

VERKÄUFERIN (CHECKT NICHTS): Oh Verzeihung, ich hab Ihnen ja noch gar nicht gezeigt, wie das mit den Brusteinlagen geht ...
> Anna wird rot. Marie lächelt böse.

ANNA (SCHNELL): Nee, lassen Sie mal, ich brauch die nicht.

MARIE (BEILÄUFIG): Och, ich würd's mal ausprobieren ... der Ludo mag große Brüste, jedenfalls, solange ich ihn kenne!!!

ANNA: Tja, das kann ich als seine feste Lebensgefährtin leider nicht bestätigen, und abgesehen davon kenn ich den Ludo seit dem Kindergarten.
Anna lächelt Marie triumphierend an.

MARIE: Ach genau ... mir hat er ja immer erzählt, wie er dich gequält hat ... aber nur, weil du ihn immer verpetzt hast ...

ANNA: Ich hab den Ludo nie verpetzt! Wir waren ganz dicke Freunde!

MARIE: Doch, du warst die kleine Petze mit den Glasbausteinen auf der Nase und der Monster-Zahnklammer!

ANNA: Ich hatte einen leichten Überbiss ...

MARIE: Das hat der Ludo aber anders erzählt ...

ANNA: Tja, nur komisch, dass er nie was über dich erzählt hat ...

MARIE: Dann habt ihr vielleicht 'n Vertrauensproblem?

ANNA: Vielleicht warst du ihm nicht wichtig genug?

MARIE: Hmmm ... da wär ich mir nicht so sicher ...

ANNA: Ich würd mich ja jetzt wahnsinnig gern noch weiter hier so nett mit dir unterhalten, aber...

Anna fällt leider kein guter Spruch ein. Sie steht da mit den Gummibrüsten in der Hand. Marie schaut sie auffordernd an.

MARIE: Jaaa...? (WENDET SICH ZUR VERKÄUFERIN) Hier oben isses immer noch zu eng.
Anna macht den Vorhang zu.

WOHNUNG ANNA LUDO I/T
Anna kommt nach Hause. Im Hintergrund Duschgeräusche. Im ganzen Flur verteilt liegen Ludos Klamotten.

ANNA: Kannst du deine Klamotten auch mal wegräumen? Aber zeitnah! ... Nicht dass sich dein Zeitfenster wieder verschiebt!
Ludos Handy piepst. Anna steht da und hadert mit sich. Sie guckt das Handy an … Und schwupp, gibt sie ihm einen kleinen Schubs. Das Handy landet auf dem Boden.

ANNA (CONT'D): Oh, runtergefallen!
Anna beugt sich runter, sieht sich verstohlen um und liest die SMS.

ANNA (LIEST) (CONT'D): »Hey Sexgott! Freu mich auf dich ... Kuss, Marie«
Anna ist sprachlos.

ANNA (CONT'D): ... Ach du Scheiße ...
Ludo kommt rein. Schnell legt sie das Handy weg. Anna guckt Ludo an.

LUDO: Was is ...?

ANNA: Nix ...
Ludo zieht die Jacke an.

LUDO: Ich bin dann mal weg ...

ANNA: Wo musst du denn hin? Wir müssen doch noch einkaufen. Wir ham nix mehr im Kühlschrank!

LUDO: Ich bin ja um fünf wieder da. Ich hab jetzt 'ne Verabredung ...

ANNA: Mit wem?

LUDO: Mit Marie.

Er nimmt das Handy vom Tisch, überfliegt die SMS.

ANNA: Wieso verabredest du dich mit Marie?!

LUDO: Weil sie meinen Rat als Mann braucht.

ANNA: Deinen Rat als Mann?

LUDO: Ja ... irgendwelche Beziehungsprobleme ...

ANNA: Ich fass es nich ... du machst jetzt den Beziehungsberater für diese doofe Gans ...?

LUDO: Wie jetzt ...? Du hast doch gesagt, dass du sie total nett findest ...

ANNA: Ludo! Die Frau ist schrecklich.

LUDO: Du kennst sie doch gar nicht!

ANNA: Doch, ich hab mich eben zufälligerweise ausgiebig mit ihr unterhalten!

LUDO: Wo?

ANNA: ... Beim Bäcker.

LUDO: Aha ...

ANNA: Das is 'ne ganz doofe Ziege! Total hohl, berechnend und Silikontitten hat sie auch noch ...

LUDO: Die sind echt.

ANNA: Was?

LUDO: Die sind echt. Da is kein Silikon drin.

ANNA: Das ist mir doch egal!!! Jedenfalls kann ich die Frau nicht ausstehen!

LUDO: Echt? Das find ich jetzt schade, dass du das sagst ... sie mag dich total.

ANNA: Sie mag mich? Wie blöd bist du eigentlich?

LUDO: Wieso? Als ich erzählt hab, dass du sie total nett findest, hat sie sich total gefreut ...
    Anna ist zwar nicht danach zumute, aber sie muss ob Ludos Blödheit lachen.

LUDO (CONT'D): Bist du eifersüchtig?

ANNA: Quatsch!

LUDO: Dann is ja gut. Magst du mitkommen ...?

ANNA: Du spinnst wohl ... Ich mein das schon so, wie ich's gesagt habe, aber bitte sehr ... der Herr Decker muss wohl seine Erfahrungen selber machen.

Ludo atmet tief aus, er weiß nicht, was er sagen soll.
Pause.

ANNA (CONT'D): Na dann viel Spaß, Sexgott!

LUDO: Hast du in mein Handy geguckt?

ANNA: ...

LUDO: Ich fass es nich!

ANNA: Aber nur beim Aufräumen. Da bin ich auf die Taste gekommen.

LUDO: Das is doch Scheiße ...
Ludo dreht sich um und geht.

ANNA: Fuck! Ich bin so blöd!

RESTAURANT I/T

Ludo und Marie in einem lauschigen Restaurant. Marie trägt einen dicken Verband an der Hand.

MARIE: ... Ich hab übrigens vorhin total vergessen zu sagen, dass du deine Freundin supergerne hättest mitbringen können. Vielleicht rufen wir sie noch schnell an?

LUDO: Is lieb von dir, aber ... wir ham uns grad gestritten ...

MARIE: Echt ...!? Worüber denn ...?

LUDO: Ach ... sie hat in mein Handy geguckt ...

MARIE: Ohhh ... das is ja doof ...

LUDO: Hmhm ...

MARIE: Das is so 'n Vertrauensbruch ... oh Gott ... hat sie <u>meine</u> SMS gelesen ...?

LUDO: Hmhm ...

MARIE: Soll ich sie anrufen? Soll ich ihr das erklären?

LUDO: Nee, lass mal ...
Pause. Marie versucht mit ihrer bandagierten Hand die Weinflasche zu greifen.

MARIE: Ahhh ... das tut so weh ...
Ludo nimmt die Flasche und gießt ihr ein.

MARIE (CONT'D): Du bist sauer ...?

LUDO: Klar ...

MARIE: Sei nich sauer ...

LUDO: Wieso?

MARIE: Na ja ... du bist der Traummann. Ich meine ... du könntest jede haben, und das weiß sie. Das is bestimmt nich einfach für sie ...

LUDO: Wie jetzt? Bist du jetzt Annas Anwalt, oder was ...?

MARIE: Ludo, jetzt sei doch nich so blöd ... ich will nur fair sein ... sie ist unsicher, sie hat wahrscheinlich einfach nur Angst dich zu verlieren ...

LUDO: Quatsch ...

MARIE: Liebst du sie?

LUDO: Natürlich ...!

MARIE: Sicher?

LUDO: Mit ihr will ich mein Leben verbringen.

MARIE: Wow! Das klingt schön ... bist du treu?

LUDO: 100 Prozent!
    Marie lächelt und wandert mit ihrem Fuß Ludos Oberschenkel entlang.

LUDO (CONT'D): Was wird das denn ...?

MARIE: Na? Da kommen doch jede Menge alte Gefühle auf ...

LUDO: Nee.
> Der Fuß ist in Ludos Schoss gelandet.

MARIE: Hier auch nich?

LUDO: Nee.
> Der Fuß beginnt sich hin und her zu bewegen.

MARIE: Und wenn ich so mache ...?
> Ludo kaut mechanisch seinen Salat.

LUDO: Ich muss dich leider enttäuschen. Da tut sich garnix.

MARIE: Ludoo, ich kenn dich.

LUDO: Menschen ändern sich.

MARIE: Ah, dann hast du 'n Bleistift in deiner Hose ... oder freust
du dich mich, zu sehen?
> Marie grinst und beugt sich weeeeit nach vorne. Gute Aus-
> sicht aufs Riesengebirge.

LUDO: Würdest du jetzt bitte deinen Fuß aus meinem Schoß nehmen, sonst geh ich nämlich ...
> Marie nimmt das Bein von Ludos Schoß.

MARIE: Mann, bist du spießig geworden ... ich glaub, du wirst alt.

LUDO: Was brauchst du denn jetzt für einen Rat mit deinem
Spackofreund?
> Marie grinst Ludo an.

MARIE: Gar keinen. Ich hab vorhin Schluss gemacht.

LUDO: Aha. Dein Kummer scheint sich ja in Grenzen zu halten ...

MARIE: Hab doch gesagt, dass er 'n Spacko war ... außerdem sitz ich ja jetzt hier mit dir ...

LUDO: Ja, aber nich mehr lange, ich muss nämlich los.

MARIE: Wie, jetzt schon ...?

LUDO: Ich muss noch einkaufen.
     Marie muss grinsen.

MARIE: Einkaufen ... verstehe ...

SUPERMARKT I/T
     Anna schiebt den Einkaufswagen. Ludo ist nicht gut drauf.
     Sie rollen auf die Wursttheke zu.

ANNA: Hmm ... guck mal, Spareribs, die magst du doch so gerne ...

LUDO: Darf ich nich. Das is kein Bio.

ANNA: Aaaach, das sehen wir heute mal nich so eng! ...
     Die Spareribs landen im Einkaufswagen.

ANNA (CONT'D): Ich hab mir überlegt, heute möcht ich dich verwöhnen! Heute ist Ludo-Decker-Tag! Wir kaufen alles, was dein Herz begehrt! Raffinierten Zucker ... Weißmehl ... Fleisch aus Massentierhaltung, Eier aus Legebatterien ...

Anna findet ihren Witz super. Ludo rollt mit den Augen.

ANNA (CONT'D): Guck mal, wer bin ich?
Anna hält sich zwei dicke Honigmelonen vor die Brust und macht ein Schmollgesicht. Ludo schiebt den Wagen weiter. Anna legt die Melonen zurück, atmet aus.

ANNA (CONT'D): Das find ich echt nicht fair von dir, dass du immer noch sauer bist! Ich hab's dir doch jetzt schon tausendmal erklärt!

LUDO: Anna, ich bin doch nich doof! Kein Mensch der Welt kann »aus Versehen« mit seinem Fuß die Tastensperre lösen und dann noch mal »aus Versehen« auf den Posteingang treten!

ANNA (WENIG ÜBERZEUGEND): Genau so war's aber.

LUDO: Is klar. Wieso hast du's überhaupt gelesen, du hättst es ja nich lesen müssen, oder war das auch dein Fuß?

ANNA: Ja, na gut! Ich hab's extra gelesen!

LUDO: Na wenigstens gibst du's mal zu! Das ändert aber nix daran, wie ich das finde! Wir wollten doch genau so nicht sein! Wir wollten uns gegenseitig vertrauen und dem anderen seinen Freiraum lassen! Ich hab das schon tausendmal erlebt, und das ist immer der Anfang von ganz vielen Sachen, die für mich nicht gehen, wenn man sich liebt und respektiert! Du hast doch selber gesagt, dass du's auch wichtig findest, dass keiner dem anderen Rechenschaft schuldig ist und dass du sogar willst, dass jeder sein eigenes Leben hat! Und dass ausgerechnet du jetzt mit so was anfängst, find ich echt scheiße!!!

FRIEDRICHSTRASSE A/T

Ludo läuft vor mit vollgepackten Einkaufstüten. Er macht Männerschritte. Anna trägt gar nix, kommt aber trotzdem kaum hinterher.

ANNA: Ludo, vielleicht überlegst du mal, warum ich das gemacht hab!!

LUDO: Weil du mir nicht vertraust und weil du mich kontrollieren willst?

ANNA: Will ich ja gar nicht! Ich hab's gemacht, weil du überhaupt nicht mehr aufmerksam bist! Du lässt dich von dieser blöden Kuh anbaggern, und ich sitz da stundenlang auf'm Klo und warte auf dich ...

LUDO: Geht das schon wieder los? Geht's jetzt wieder um Marie?

ANNA: Nein, hier geht's ganz grundsätzlich darum, dass ich total selbstverständlich für dich geworden bin! Du guckst mich eben nicht mehr dauernd an und denkst: Oh Gott, wie ich Anna Gotzlowski liebe und aufregend finde ...

LUDO: Quatsch! Ich guck dich ständig an und denk genau das!

Anna versucht Schritt zu halten.

ANNA: Jetzt ja wohl nich!

LUDO: Ja, witzig! Du gehst ja auch hinter mir ...

ANNA: Eben, weil du wieder so rennst.

LUDO: Ich geh normal.

ANNA: Quatsch! Du rennst immer vor, jetzt gerade, wenn wir

essen gehen ... Hauptsache, du bist immer der Erste! Am Anfang hast du immer geguckt, wo ich bin, und du hast auch immer sofort gemerkt, wenn's mir mal nicht gutging oder so. Dann hast du immer gleich nachgefragt und dir Sorgen gemacht! Aber jetzt? Ich schwör dir: Keine Frau auf der Welt kriegt öfter 'ne Restauranttür ins Gesicht als ich!!!

> Bumm – Anna ist gegen ein Stoppschild gelaufen. Wie ein Brett fällt sie nach hinten um.

LUDO: Konkret geht's hier doch um 'ne ganz andere Sache, nämlich, dass du mir nicht vertraust. Und ich weiß absolut nicht, wieso ich jetzt hier dran schuld sein soll, dass du in mein Handy geguckt hast! Du versuchst doch nur wieder abzulenken! Richtig ...? Hah! Jetzt sagste nix mehr.

> Doubletake. Ludo bemerkt Annas Abwesenheit.

ANNA (RUFT): Genau das mein ich!

FLIRT ACADEMY I/T

> Das ernste Gesicht eines schmächtigen Woody-Allen-Typs mit Maulwurfsgesicht und dicker Brille. Grauenhafte Easy-Listenig-Musik im Hintergrund.

DR. EISENBERGER (LAUT): Mein Name ist Dr. Ephraim Eisenberger. Ich bin weit über fünfzig, ich bekomme eine Glatze und ich besitze einen extrem kleinen Penis! Gestern Nacht ...

> Kunstpause. Die Kamera zieht auf. Ein Konferenzraum, ein paar Typen, die gespannt hinter Pulten sitzen, darunter Moritz. Gespannte Stille. Dann reißt Dr. Eisenberger ein Foto von einem brasilianischen Bikinimodel in die Höhe.

DR. EISENBERGER (CONT'D): ... habe ich mit dieser Frau geschlafen!

> Ein Raunen geht durch die Menge.

DR. EISENBERGER (CONT'D): Und Sie können das auch! Willkommen in der Flirtakademie!

> Applaus. Dr. Eisenberger zeigt auf Moritz.

DR. EISENBERGER (CONT'D): Der blasse junge Mann da vorne, wie heißen Sie?

> Alle gucken Moritz an.

MORITZ: Moritz.

DR. EISENBERGER: Na los, Moritz, kommen Sie nach vorne und flirten Sie mich an!

> Moritz hat Angst. Dr. Eisenberger guckt ihn aufmunternd an.

DR. EISENBERGER (CONT'D): Kommen Sie nach vorne und lassen Sie jeden Ihrer Schritte ein süßes Versprechen sein. Bringen Sie mich dazu, mit Ihnen zu schlafen! Na los!

> Moritz sieht sich um. Er wippt ein bisschen mit der Musik mit. Er geht los. Er kommt bei Dr. Eisenberger an und lächelt ihm unsicher zu.

DR. EISENBERGER (STELLT FEST) (CONT'D): Nein, ich möchte nicht mit Ihnen schlafen.

> Moritz guckt enttäuscht.

MORITZ: Schade ... darf man fragen, warum?

DR. EISENBERGER: Passen Sie mal auf!

> Dr. Eisenberger geht ein paar Schritte zurück, wippt im Takt und läuft dann wie ein geschmeidiger Tiger auf Moritz zu.

DR. EISENBERGER (CONT'D): Es sind die Hüften! Es sind die Hüften, auf die die Frauen achten ...

> Er bleibt vor Moritz stehen.

DR. EISENBERGER (CONT'D): O. k., wir sind an einer Bar. Die Frau Ihrer Träume steht vor Ihnen: Weiße Zähne, riesige Brüste, große Gucci-Handtasche und Sie sagen ihr was ...?

MORITZ: ... Äh ... Schöne Handtasche? ...
      Dr. Eisenberger lächelt müde, dann stellt er sich ganz nah vor Moritz, haucht ihm ins Ohr.

DR. EISENBERGER (FLÜSTERT): Sind deine Eltern Terroristen?

MORITZ: ... Äh ... nein ...

DR. EISENBERGER: Komisch, hätte ich schwören können, denn du bist so scharf wie 'ne Bombe ... so scharf ...
      Pause. Moritz guckt Dr. Eisenberger komisch an.

MORITZ (KAPIERT): Ach so! ... Das is gut ... echt gut!

DR. EISENBERGER: Ich weiß. Der funktioniert so gut wie immer und für die ganz harten Fälle: »Ich bin Schriftsteller und schreib gerade 'n Telefonbuch. Kann ich deine Nummer haben?!«

Moritz starrt ihn fasziniert an.

WOHNUNG ANNA LUDO I / N

Ludo steht in Trainingsklamotten vor seiner Wohnungstür und klingelt. Anna macht auf. Ludo starrt sie an.

ANNA: Was is ...?

LUDO: Oh Gott, wie ich Anna Gotzlowski liebe und aufregend finde.

Anna muss lachen und gibt ihm einen Kuss. Ludo schnüffelt.

LUDO (CONT'D): ... Hmm, hier riecht's ja gut ...

ANNA (AUFGEREGT): Ja komm rein, wir haben Besuch.

Ein Räuspern im Hintergrund. Ludo guckt zur Küche.

RALF: Hi ...
Ein kerniger Typ mit Schürze steht in der Küche.

RALF (CONT'D): Und du bist bestimmt der Lupo.

LUDO: Ludo.

RALF: Oder so.

LUDO: Und wer bist du, wenn ich mal fragen darf?

RALF: Ich bin der Ralf.

LUDO: Welcher Ralf?

ANNA (ENTHUSIASTISCH): Der Ralf und ich haben zusammen studiert, und dann war er ewig in Afrika und hat da Entwicklungshilfe gemacht. Er hat da sogar 'ne eigene Hilfsorganisation gegründet!

LUDO: Is das meine Schürze?

ANNA: Der Ralf kocht heute für uns!!! Afrikanisch!!!

LUDO: Aber ich wollte eigentlich Nudeln à la Ludo machen!

ANNA: Aach, die essen wir doch immer ...
O. k., womit fangen wir an, Fleisch oder Couscous?

RALF (WITZELT): Nix da, du setzt dich schön da hin und trinkst 'n Glas Wein mit Lupo! Du hast zwar ziemlich viele Qualitäten, aber in der Küche bist du auf jeden Fall 'ne Katastrophe!

Ralf grinst Anna an. Der Typ nervt Ludo jetzt schon gewaltig.

ANNA (SPIELT EMPÖRT): Bin ich nicht!
Anna grinst. Ralf gießt Wein ein.

LUDO: Ich finde, Anna kann super kochen!

ANNA: Echt? Aber dir schmeckt's doch immer nicht ...

LUDO (LÜGT): Doch. ... Sehr.
Ralf reicht Ludo das Weinglas.

RALF: Lupo ...

LUDO: Ludo.

RALF: Uuups ... jetzt merk ich's mir aber ... Ludo.
Ralf reicht Ludo und Anna ein Glas.

RALF (CONT'D): Auf jeden Fall echt nett von euch, dass ich die paar Tage hierbleiben kann ...

LUDO: Bitte?

ANNA: Ralf macht hier nur 'n kurzen Zwischenstopp, bis er nach Afrika zurückmuss, da hab ich ihm selbstverständlich angeboten, dass er solange hier wohnen kann ... sind nur 'n paar Tage.

RALF: Ich schmeiß euch hier schön den Haushalt und ihr könnt euch mal richtig entspannen!

ANNA: Toll!

LUDO (ZU ANNA): Kommst du mal bitte?!

WOHNUNG ANNA LUDO/WOHNZIMMER I/N

Anna und Ludo im Wohnzimmer. Sie diskutieren mit gedämpften Stimmen. Ralf hantiert fröhlich in der Küche herum.

LUDO: Ich hab keinen Bock drauf, dass der Typ jetzt jeden Abend in meiner Küche steht.

ANNA: Das is ja wohl immer noch unsere Wohnung. Ludo, wenn's 'n Freund von dir wär, wär das für mich auch okay ...

LUDO: Und hast du dir eigentlich schon mal überlegt, wo der schlafen soll?

ANNA: Na auf der Couch. Wo denn sonst?

LUDO: Hallohoo! Wir haben keine Türen! Hat sich die Dame da vielleicht mal Gedanken drüber gemacht?!

ANNA: Die paar Tage wirst du's wohl überleben!

LUDO: Pfff ...

Ralf steckt seinen Kopf aus der Küche.

RALF (ZU ANNA): Hast du auch frischen Koriander?

ANNA (ZU RALF): Na klar! Warte, hol ich dir gleich!

Anna dreht sich wieder zu Ludo.

ANNA (CONT'D): So, und du hörst jetzt auf, hier rumzuquengeln, und machst dich mal nützlich. Bezieh bitte schon mal die Couch.

LUDO: Ich mach doch nicht das Bett für den!

Anna gibt Ludo einen Kuss.

ANNA: Willst du, dass Ralf bei uns im Bett schläft?
Ludo verzieht das Gesicht.

ANNA (CONT'D): Hab ich mir gedacht. (SIE KLATSCHT IN DIE HÄNDE) Hopp, hopp … Essen is gleich fertig.
Sie dreht sich um, läuft in die Küche.

ANNA (CONT'D): Hmm, das riecht toll!!
Ludo atmet tief durch.

ANNAS WOHNUNG/WOHNZIMMER I/N
Ludos missmutiges Gesicht. Er schleppt eine Garnitur Bettzeug herein und wirft sie aufs Sofa. Aus der Küche Lachen.

LUDO (RUFT): Wo sind die Betttücher?

ANNA (RUFT ZURÜCK): Weißt du das nich?

LUDO (RUFT): Würd ich sonst fragen?

ANNA: Im Schrank.

LUDO (GUCKT SICH UM): In welchem Schrank?

ANNA: Ludo, wir haben nur einen Schrank!

LUDO (RUFT): Verbindlichsten Dank!
Ludo guckt sich um. Wieder Gelächter aus der Küche. Ludo geht auf einen weißen Schrank zu, öffnet eine Schublade. Nix. Er öffnet die nächste, wühlt herum. Er erstarrt. Er greift in die Schublade und holt einen riesigen rosa Vibrator hervor!! Der Vibrator springt an … Rrrrr. Ludo stellt ihn schnell aus, legt ihn zurück in die Schublade. Aber was is denn das?

Ganz unten liegt ein Heft, auf dem steht: »Anna – Die Liste«.
Ludo sieht sich verstohlen um, blättert.

LUDO (CONT'D): 'Ne Sexliste ... ich fass es nicht ...

ANNA (RUFT): Essen is fertig!

RALF (RUFT): Komm, Lupo, sonst wird's kalt!
    Ludo liest mit aufgerissenen Augen die Liste. Es handelt sich
hierbei um eine ordentlich geführte Sexliste, mit Namen, Be-
wertung des Sex, Schwanzgröße und speziellen Anmerkun-
gen. Er lässt den Finger runterwandern und ...

LUDO: »<u>Ralf ...</u>
    Ludo guckt zur Küche. Er atmet tief durch und liest weiter.

LUDO (CONT'D): ... Schmidt ... Minisalami, miesester Sex aller
Zeiten!« Hehehe ... geil ...
    Ludo grinst sich einen. Er liest weiter.

LUDO (CONT'D): Noch 'n Ralf ...»Ralf Berger ... Schwanzgröße: Eiffelturm, Sex: unglaublich!!«
Ludo wird kreidebleich. Er atmet tief ein.

WOHNUNG ANNA LUDO/WOHNZIMMER I/N
Ludo taxiert Ralf mit seinen Blicken und stochert in seinem Couscous herum.

ANNA: Über was schreibst du denn eigentlich deine Doktorarbeit?
Ralf will gerade antworten.

LUDO (BETONT LOCKER): Wie heißt 'n du eigentlich mit Nachnamen, Ralf?

ANNA: Ludo, ich hab grad 'ne Frage gestellt.

LUDO: Müller, Meier, Schmidt ...?

ANNA: Mann, Ludo!

LUDO: Wenn wir hier schon so netten Besuch haben, werd ich ja wohl wenigstens mal den Namen erfahren dürfen!!

ANNA: Das is der Ralf. Hat er doch gesagt.
Ludo gibt auf.

ANNA (BÖSER SEITENBLICK ZU LUDO) (CONT'D): Also, worüber geht deine Doktorarbeit? Entwicklungshilfe?

RALF: Um die Geschichte der Intimrasur.
Ludo prustet seinen Wein aus.

LUDO (LACHT SICH SCHLAPP): Geil ... über Intimrasur ...

Auch Anna wirkt etwas überrascht.

ANNA: Na ja ... rein anthropologisch gesehen ist das bestimmt sehr, sehr spannend ...

RALF: Auf jeden Fall! Wusstest du, dass die Intimrasur schon vor Jahrtausenden praktiziert wurde? Das geht zurück bis ins alte Ägypten. Viertausend vor Christus.

ANNA: Echt? Woher weiß man das?

RALF: Grabmalereien.

ANNA: Ich dachte, das gibt's erst seit den achtziger Jahren in Amerika?

RALF: Nee, nee ... das zieht sich durch die gesamte Menschheitsgeschichte ... in den moslemischen Harems zum Beispiel gab es schon Eunuchen, die nur dafür ausgebildet wurden, den Konkubinen täglich die Schambehaarung zu entfernen ...
   Ludo hört ungläubig zu.

ANNA: Warum haben die das gemacht?

RALF: Nun, da gab es ganz unterschiedliche Gründe. Ein ganz wichtiger Aspekt war natürlich die Hygiene. Wo keine Haare sind, kann sich auch kein Ungeziefer festsetzen, logisch. Der andere wichtige Aspekt war der ästhetische. Im alten Rom zum Beispiel konnten die Freudenmädchen sogar doppelte Preise verlangen, sobald sie rasiert waren. Eine nackte Scham galt auch damals schon als Schönheitsideal.

LUDO: Sieht ja auch ganz klar besser aus! Wenn ich 'n Schnitzel bestelle, will ich da ja auch kein Fell drauf haben!

Anna rollt ob Ludos unqualifiziertem Kommentar mit den Augen.

RALF: Fell ... gutes Stichwort ... Bei den Naturvölkern hatte die Intimrasur ganz überlebenswichtige Gründe: Die haben sich vor der Jagd rasiert, um sich somit deutlicher von den Tieren zu unterscheiden ...

LUDO (LACHT): Tja, wenn man mit 'nem großen Bären durch 'n Wald rennt, wird man natürlich ruckzuck erschossen!

ANNA: Sehr qualifizierter Kommentar, Herr Decker!
Ralf holt zum finalen Schlag gegen Ludo aus.

RALF: ... Ich seh das ganze Thema ja ambivalent ... Ich sehe in der weiblichen Intimrasur ganz klar einen konformistischen Zwang zur Aufgabe der weiblichen Individualität in unserer immer stärker pornographisierten Gesellschaft!

LUDO: Hä ...?
Ralf beachtet Ludo nicht.

RALF: ... Die Frau, die sich weigert, sich gleichschalten bzw. »glattmachen« zu lassen, ist einer enormen Repression durch ihr Umfeld ausgesetzt! Folglich wird die Schamrasur Teil dessen, was Frauen unhinterfragt kopieren, nur um zu gefallen. Dass sie damit herrschenden Macht-Geschlechter-Logiken folgen, sie dadurch wiederherstellen und repetieren, beweist ganz eindeutig, dass die Intimrasur ganz entscheidenden Anteil hat an der Unterdrückung der Frau durch das chauvinistisch-patriarchalische System!!!!
Ludo ist sprachlos.

LUDO: Alter Falter ...
Ralf wendet sich an Ludo.

RALF: Darüber hinaus gibt es noch eine andere, sehr anerkannte Theorie, die besagt, dass der haarlose Venushügel bei Männern so beliebt ist, weil eine Frau dadurch sehr, sagen wir mal »jung« aussieht und dadurch eine große Anziehungskraft auf Menschen mit pädophilen Neigungen ausübt.

LUDO: Was isn das für 'n Scheiß?

RALF: Ich persönlich finde ja eine Frau in ihrem natürlichen Zustand immer am schönsten, wenn sie ganz nach Frau aussieht!

LUDO (ZU RALF): Ach komm, du willst mir ja wohl nich erzählen, dass du gerne ins Buschland abtauchst!

RALF: Doch, doch ... Wenn eine Frau schöne Haare hat ...

ANNA (DENKT NACH): Hhm ... so hab ich das noch nie gesehen ... ich glaub, ich lass meine wieder wachsen ...

LUDO: Spinnst du jetzt ...? Wenn du dir 'n Busch wachsen lässt, lass ich mir 'n Vollbart stehn!

ANNA: Bärte sind ja wohl was anderes!

LUDO (MOTZIG): Nö, find ich nich.

ANNA: Na gut. Dann mach doch!

LUDO: Mach ich auch!

ANNA: Ich kann mir auch noch die Beinhaare wachsen lassen! Ich fang gleich damit an!

LUDO: Mach doch!

ANNA: Mach ich auch! Und die Achselhaare lass ich auch wachsen!

LUDO: Das is ja wohl das Allerletzte!!!

RALF: Ihr Lieben, macht's euch was aus, wenn wir jetzt mal schlafen gehen? Ich bin unendlich müde ... die Küche mach ich morgen, okay?
> Er steht auf, tätschelt kurz Annas Schulter, wendet sich dann an Ludo.

RALF (CONT'D): Berger.

LUDO: ... Was ...?

RALF: Ralf Berger. Du wolltest doch meinen Nachnamen wissen.

WOHNUNG ANNA LUDO / SCHLAFZIMMER I / N
> Das dunkle Schlafzimmer. Anna schläft friedlich in ihrem Bärchenschlafanzug, hat den Kopf auf Ludos Brust. Ludo liegt da, hellwach. Von der Couch schallt Ralfs nerviges, lautes Schnarchen. Dann ein kurzes Röcheln. Hat es aufgehört? Ludo guckt hoffnungsvoll, dann geht es wieder los. Schnarch, schnarch. Ludo legt sich das Kissen über den Kopf.

WOHNUNG ANNA LUDO I / T
> Nächster Morgen. Ludo räkelt sich im Halbschlaf.

RALF (RÄUSPERT SICH): Habt ihr vielleicht irgendwo Essigreiniger?

LUDO: ... Was ...?

RALF: Ob ihr Essigreiniger habt für die Spüle?
Ludo macht schläfrig ein Auge auf und erstarrt!
POV Ludo: Ralfs riesiges Dirk-Diggler-Gerät mit einem riesigen Busch!!!

RALF (CONT'D): Na, ich guck einfach mal selber ...

LUDO (ZU SICH): Zieh dir mal was an, du bist hier nich zu Hause!
Anna kommt gähnend aus dem Bad.

ANNA (NETT): Morgen ... wow! Die Küche is ja wieder picobello!!! Danke, Ralf!

RALF: Sag mal, kann ich mit in den Kindergarten kommen?

ANNA: Klar, gerne.

RALF: Ich möchte so gerne deine Rackerbande kennenlernen und der Ludo kann noch 'n bisschen ausschlafen ... Hm? Was meinst du, Ludo?
Ludo starrt ungläubig auf die Szenerie.

STRASSE A/T
Ludo fährt. Moritz sitzt auf dem Beifahrersitz und hat »die Liste« auf dem Schoß.

MORITZ: Und du bist dir echt ganz sicher, dass es Ralf Berger war und nicht der andere!!!!!

LUDO: Ich hab den Eiffelturm gesehen ... und der steht in einem verdammt dichten Wald!!!

MORITZ (GRINST): 'Ne Grillschürze?

LUDO: Mir is jetzt noch kotzübel!
Ludo macht ein »So-groß-Zeichen« mit seinen Händen.

LUDO (CONT'D): So ein Teil!

MORITZ (STAUNT): Der Busch-Mann oder der Vibrator?

LUDO: Beide. Und der Vibrator is auch noch rosa! Mit so einem dämlichen Delphingesicht vorne dran.

MORITZ: Ich hab mal einen gesehen, der hatte an der Seite so ein kleines Häschen ... das sah schon ganz süß aus ...
Ludo atmet tief ein.

MORITZ (CONT'D): Jetzt mach dich mal locker, auf die Größe kommt's doch gar nicht an.
Er schaut auf die Liste.

MORITZ (CONT'D): Ich schau mir das gleich mal an.

PALAIS/ KONFERENZRAUM I/T

Pressekonferenz. Vorne ein eitel aussehender Regisseur und seine Hauptdarstellerin Julia Jentsch. Hinter ihnen ein arthousiges Kinoplakat in schwarzweiß. Titelüberschrift: SPRACHLOS.

REGISSEUR (INS MIKRO): ... Mein neuer Film »Sprachlos« schildert die Geschichte zweier Berliner Borderliner, die sich in einer Spirale der Gewalt befinden. Die Figuren balancieren sozusagen ständig am Abgrund und durchleben eine innere Irrfahrt, die sie nach außen nicht kommunizieren können ... ein Zustand jenseits des zwischenmenschlichen Dialogs ... Das Leiden meiner Charaktere bleibt stumm und damit für den Zuschauer unergründlich.

STRASSE VOR PALAIS A/T
Ludo bremst scharf ab, direkt vor dem Adlon. Beide springen aus dem Auto.

PALAIS/KONFERENZRAUM I/T
Ludo und Moritz sitzen im Journalisten-Pulk. Moritz blättert in der Liste. Ein Journalist steht auf.

JOURNALIST 2: Frau Jentsch, sie spielen eine depressive alleinerziehende Liedermacherin, die sich nach einem Selbstmordversuch in einen ehemaligen Neonazi verliebt. Das sind ja reichlich viele Probleme auf einmal. Wie viel der Rolle steckt in Ihnen?
Julia Jentsch überlegt.

JULIA JENTSCH: Puh ...

REGISSEUR: Die weibliche Hauptfigur ist eine sehr <u>poetische</u>, die eine Analogie der Hoffnungslosigkeit deutscher Alltagsrealität bildet. Deswegen verzichte ich auch ganz bewusst auf filmische Spielereien, wie ästhetisches Licht, lange Brennweiten, Musik oder Handlung. Ich verfolge eine antinarrative Erzählstruktur, die ganz pur Atmosphäre sein will.

JOURNALIST 2: Ich hatte eigentlich Frau Jentsch eine Frage gestellt ...
Der Regisseur erteilt mit einer Handbewegung dem anderen Journalisten wieder das Wort.

REGISSEUR: Tobias ...

JOURNALIST: Antinarrative Erzählstruktur ... ist damit eine eher kanonistisch-dogmatische Struktur gemeint, die schon Eisenstein so meisterhaft in »Panzerkreuzer Potempkin« als sogenannte Vierte Dimension erschaffen hat?

Der Regisseur likes what he hears.

JOURNALIST 2: Frau Jentsch, die letzten beiden Filme von Herrn Griesebach, »Abgelebt« und »Yolla«, hatten gemeinsam weniger als dreitausend Zuschauer ...

JOURNALIST: Aber dafür erhielten sie das Filmband in Gold für »Abgelebt« und das Filmband in Silber für »Yolla«!

REGISSEUR (BESCHWICHTIGEND): Wissen Sie, ich bin nicht interessiert an den Massen. Meine Filme behandeln Menschen in Ausnahmezuständen, begleiten Extremsituationen. Das versteht der Durchschnittsbürger natürlich nicht. (JOVIAL) Die Masse will trivial unterhalten werden. Sie hat es nicht anders gelernt, sie weiß es nicht besser. Doch ich will mit Dummheit kein Geld verdienen. Mir geht es um mehr. Es geht um ...

JOURNALIST 2 (UNTERBRICHT): <u>Frau Jentsch</u>, würden Sie sagen, es war eine gute Zusammenarbeit zwischen Ihnen und Herrn Griesebach?

JULIA JENTSCH: Puh ...

REGISSEUR: Ich würde beim Verhältnis zwischen Schauspieler und Regisseur nicht von einer Zusammenarbeit sprechen. Am Anfang steht die Idee, die Vision, die ich erschaffen will. Der Schauspieler ist quasi nichts weiter als die Hülle, deren Bewegungs- und Emotionsradius durch mich bestimmt sein möchte.

JULIA JENTSCH: Alter Schwede ...
  Der Regisseur gibt ihr einen Seitenblick, erteilt »seinem« Journalisten wieder das Wort.

REGISSEUR: Ja ... Tobias ...

JOURNALIST: Ich würde sagen, »Sprachlos« orientiert sich mit seiner reliefartigen Inszenierung und kohärenten Erzählweise doch ganz klar an der Frühphase der russischen Expressionisten.

JULIA JENTSCH: Das ist doch gar keine Frage ...?

REGISSEUR: Julia, bitte, antworte doch nur, wenn du gefragt wirst ...

JULIA JENTSCH: Wie lange geht'n das hier noch?

REGISSEUR: Wir haben doch gerade erst angefangen ...

JOURNALIST 2: Frau Jentsch, Sie haben in so emotional ergreifenden Filmen wie »Sophie Scholl« herausragend gespielt und viele Zuschauer emotional tief berührt. Was hat Sie bewogen, in diesem atmosphärisch eher kargen und trostlosen Film mitzuwirken?

JULIA JENTSCH: Puh ...

REGISSEUR: Dass Sie meinen Film als karg und trostlos bezeichnen, nehme ich als Kompliment. Denn genau darum geht es! Ich möchte mich ganz klar vom Zuschauer abspalten, denn ich muss ihm den emotionalen Zugang verwehren, ich muss ihn verstören, ja, ihn ratlos zurücklassen ... nur so kann ich ihn erreichen.
    Moritz guckt zu Ludo.

MORITZ: ... Das sind ja ganz schön viele ... dass die Anna so 'ne Wilde is ...
    Ludo tötet Moritz mit einem Blick.

MORITZ (CONT'D): Mir is da was aufgefallen ...

LUDO: Sag.

MORITZ: Also, wenn der Eiffelturm und der Vibrator gleich groß sind ... dann steht die Anna bestimmt auf große Schwänze?!
Nicht ganz die Antwort, die Ludo hören wollte.
Ludo atmet tief ein. Pause. Moritz überlegt.

MORITZ (CONT'D): Vielleicht is das »unglaublich« aber auch negativ gemeint?

LUDO: Wie ...?
Ludo runzelt die Stirn.

MORITZ: Das könnte ja auch »unglaublich <u>schlecht</u>« oder »un-glaublich <u>doof</u>« oder »unglaublich <u>langweilig</u>« bedeuten ...

LUDO: Gelaber!

MORITZ: Aber jetzt überleg doch mal: Bei »super«, da weiß man, was man hat! Super ist ganz klar positiv!

LUDO: Hmmm ...

MORITZ: Wenn ich 'n geilen Film gesehen hab, sag ich ja nicht, »der war unglaublich«, dann sag ich: »Der Film war super!«
Ludo nickt.

LUDO: Das stimmt natürlich schon ... »Super« ist ganz klar positiv!

MORITZ: Sag ich doch ...

LUDO: Na ja ... wenn man mal so drüber nachdenkt ...

KINDERGARTEN/GARTEN A/T

Ludo spielt mit den Kindern im Garten. Anna flirtet mit dem extrem gutaussehenden Postboten. Ludo beobachtet die Szenerie. Cheyenne-Blue guckt auch und grinst.

CHEYENNE-BLUE (UNSCHULDIG): Der is aber hübsch, der Postbote ...

LUDO: Findest du? So hübsch is der jetzt auch wieder nicht.
Ludo räumt ein paar Förmchen zusammen und linst zum Gartentor.

CHEYENNE-BLUE (MACHT WEITER): Doch. Der sieht aus wie Brad Pitt! Das is der hübscheste Postbote der Welt!

LUDO: Du kennst ja gar nicht alle Postboten auf der Welt!

CHEYENNE-BLUE: Wenn du uns Geld gibst, dann sagen wir dir, was der Briefträger immer zur Anna sagt.
Ludo überlegt.

LUDO: O. k., wie viel?

CHEYENNE-BLUE: Tausend Euro.

LUDO: Vergiss es.

CHEYENNE-BLUE: Na gut, dann nich ...
Cheyenne-Blue dreht sich um.

LUDO: Ich spendier euch 'n Eis!

CHEYENNE-BLUE: O. k.

LUDO (GESPANNT): Also: Was sagt der Postbote immer zur Anna?

CHEYENNE-BLUE: Er sagt: Guten Morgen, Frau Gotzlowski, hier is Ihre Post!
>Die Kinder prusten alle los und lachen sich kaputt. Ludo steht da wie ein Vollidiot, muss aber mitgrinsen.

KINDERGARTEN I/T
>Showtime. Ralf spielt Kasperletheater. Ludo und Anna sitzen im Publikum und essen Eis.

RALF/KROKODILSTIMME: Kasperle, Kasperle, erzähle mir von Afrika!

RALF/KASPERLESTIMME: Na, du bist aber ein neugieriges Bürschchen! Also: Afrika ist ein Land in der sogenannten Dritten Welt.

LUDO (MIT SEITENBLICK AUF ANNA): Hmmm ... SUPER ...
>Anna nickt genüsslich.

ANNA: Hmmmm ... echt super ... war 'ne gute Idee ...

LUDO: Ja, SUPER ist genau das richtige Wort ...

ANNA (NICKT): Hmhm ...

LUDO: Besser geht's nicht.

ANNA: Stimmt ...
>Ludo freut sich. Er isst sein Eis.

ANNA (CONT'D): Hmmm ... Schmeckt echt unglaublich!

LUDO (IRRITIERT): Eben hast du gesagt, »super«!

ANNA: ...? ...

LUDO: Jetzt entscheide dich doch mal: Schmeckt's jetzt unglaublich oder super?
    Anna guckt verwirrt.

ANNA: Das is doch das Gleiche.

LUDO (WIRD ETWAS ZU LAUT): Offensichtlich nicht!!!
    Ludo wirft beleidigt sein Eis weg.

RALF / KROKODILSTIMME: Uuuuups, was seh ich denn da? Der Ludo hat Lebensmittel auf den Boden geworfen! Das darf man doch nicht!
    Alle Kinder drehen sich zu Ludo um.

RALF / KASPERLESTIMME: Genau! Denn die Kinder in Afrika haben oft nicht genug zu essen! Und weißt du auch, warum?

RALF / KROKODILSTIMME: Wegen der Globalisierung!?

RALF / KASPERLESTIMME: Bravo, du schlaues Krokodil, du hast sehr fein aufgepasst!

LUDO: Der Typ nervt.

ANNA: Wieso? Er hat doch recht.

RALF / KASPERLESTIMME: Auf der Erde gibt es arme und reiche Staaten. Die Unterschiede im Wohlstand, in der Art der Wirtschaft und in der Abhängigkeit vom Ausland sind zwischen den einzelnen Staaten sehr groß.

ALLEGRA: Langweilig!!

RALF: Es gibt dichtbesiedelte und dünnbesiedelte, rohstoffarme und rohstoffreiche Entwicklungsländer ...

ALLEGRA: Ich schlaf gleich ein!!

RALF (BELEIDIGT): Also, Kinder ... so macht das keinen Spaß!

ALLEGRA: Genau!
   Ralf zieht leicht genervt die Handpuppen aus. Ludo grinst.

RALF: Sehr schade, dass ihr so wenig Spaß am Lernen habt, <u>sehr schade</u>!

ALLEGRA: Wie soll das denn Spaß machen, wenn wir nix verstehn?

RALF: So! Die Vorstellung ist für heute beendet! Denkt mal drüber nach!
   Er zieht den Vorhang zu.

WOHNUNG ANNA LUDO I/N

   Ludo und Anna sitzen am Tisch. Ralf kommt mit einer Schüssel Couscous dazu.

ANNA: Kopf hoch ... Dein Ansatz war gar nich so schlecht, du hast es vielleicht nur ein bisschen trocken vermittelt ...

RALF (IGNORIERT LUDO): Das is lieb, dass du das sagst. Tja, das Thema liegt mir einfach so am Herzen, da red ich mich gern mal in Rage ... Man muss so viel tun, es ist fünf vor zwölf, aber die Zeit rast einfach dahin. Da werd ich schon bald dreißig und hab so wenig geschafft ...

LUDO: Schon wieder Couscous!?
   Ludo löffelt missmutig sein Essen.

ANNA: Ralf, du hast doch schon viel mehr gemacht als wir alle hier zusammen! Und dreißig ist doch noch soo jung, da kannst du noch so viel schaffen!!

RALF: Jung?! Nee, dreißig ist steinalt. Da is das Leben doch halb rum!

ANNA: Pass auf, was du sagst, der Ludo is nämlich schon ...

LUDO: Kann ich mal Salz haben?
   Anna reicht das Salz rüber.

ANNA: Willste nich erst mal probieren?

LUDO: Brauch ich nich, das seh ich.

RALF: Die Inuit, also die sogenannten Eskimos, haben ja früher alle, die zu alt zum Jagen waren, einfach auf einer Eisscholle ausgesetzt, damit sie die Gruppe nicht belasten ...

ANNA: Echt?

LUDO (DEUTET AUF DAS ESSEN): Da fehlt nämlich Salz.

RALF: In der Antike sind sowieso alle spätestens mit dreißig gestorben. Zack, aus die Maus ...
   Ludo verschluckt sich am Couscous.

RALF (CONT'D): Da wären wir uralt gewesen ...

ANNA: Ja, und Ludo wär schon tot ...

LUDO: Gibst du mir mal den Pfeffer?

ANNA: Hier.
Ludo betätigt die Pfeffermühle.

LUDO: So ein bisschen frischer Pfeffer wirkt ja manchmal Wunder ...

ANNA: Na ja ... man muss in Würde altern, es gibt ja auch Sachen, die schöner werden mit dem Alter ...

RALF: Was denn? Falten kriegen und Potenzverlust?

ANNA: Nee, Enten füttern, Fernsehdokumentationen gucken, sich mit Franzbranntwein einreiben ...

LUDO (ANGEGRIFFEN): Ihr labert eine Scheiße! Ich hab in meinem ganzen Leben noch nie Enten gefüttert!!!

ANNA: Hallo? Es geht hier doch nich um dich! ... Wieso denkst du eigentlich immer, dass es um dich geht?
Pause.

RALF: Aber jetzt mal ohne Scheiß: Ich hab 'n Freund, der is jetzt einundvierzig, bei dem war von heut auf morgen tote Hose ...

BAR LANA I / N
Moritz kommt in eine Bar. Am Tresen sitzt eine orientalisch aussehende Frau mit Kopftuch. Moritz kommt souverän in seinem neu erlernten Gang auf sie zu. Er legt den Dr.-Eisenberger-Blick auf. Die Frau schaut ihn an.

ORIENTALIN: Was ...?

MORITZ: Sind deine Eltern Terroristen?

ORIENTALIN: Bitte ...?

MORITZ (SIEGESSICHER): Sind deine Eltern Terroristen?
  Die Miene der Orientalin verdunkelt sich blitzartig.

ORIENTALIN (SAUER): Ja genau, Kopftuch, dunkle Haare, da is
der Fall ja klar! Pass mal auf, du Vollidiot: Ich hab 'n deutschen
Pass, ich bin in Bielefeld geboren und ich darf genauso in diesem
Land sein wie du, du Wurstgesicht!!!

MORITZ: Nee, weil du wie 'ne Bombe bist! Verstehst du? Das war
doch nur die Einleitung, das mit deinen Eltern ...
  Bammm! Moritz hat eine hängen.

ORIENTALIN: Blödes Arschloch!
  Moritz hält sich die Wange, unternimmt einen letzten Versuch.

MORITZ: Ich bin Schriftsteller ...

ORIENTALIN: Halt die Fresse.

MORITZ: ... und ich schreib grad am Telefonbuch ...

ORIENTALIN: Halt die Fresse, sonst fängst du dir noch eine!
  Moritz gehorcht.

MORITZ: O. k. ... (ZUM KELLNER) Eine Apfelschorle bitte.
  Ein paar Plätze weiter eine hübsche Frau (LANA) und ein
  gutaussehender Typ (BERND), der ziemlich genervt aussieht.

BERND (ZU LANA): Du bist echt so 'ne Schlampe! Es gibt doch keinen einzigen Typen, auf den du nich scharf bist!
> Moritz sieht aufmerksam auf.

LANA: Ich kann doch nichts dafür, ich hab mir das doch nicht ausgesucht! Glaubst du, ich mach das extra? Ich bin krank!

BERND: Krank? Ach was, du bist einfach notgeil! So sieht's aus!

LANA: Du bist so gemein! Sexsucht ist eine medizinisch anerkannte Krankheit!

BERND: Erzähl das der Parkuhr! Ich bin weg!
> Der Typ geht. Lana kippt ihren Drink. Ihr Blick wandert durch den Raum und fällt dann auf Moritz. Lana rutscht elegant auf den Barhocker neben ihn.

LANA: Hi, ich bin die Lana, ich habe ein medizinisch anerkanntes Problem. Und wer bist du?
> Moritz kriegt keinen Ton raus.

MORITZ: Äh ...

LANA: Kannst du nicht sprechen?

MORITZ: Moritz! Moritz!

LANA (LÄCHELT): Moritz-Moritz ... Und trinkst du 'n kleinen Martini mit mir, Moritz-Moritz?
> Moritz lächelt breit. Er wendet sich zum Kellner.

MORITZ: Zwei Martini bitte!

KELLNER: Dry?

MORITZ: Nee, <u>zwei</u>, hab ich doch gesagt!!!! (DREHT SICH ZURÜCK) Red ich französisch?
> Lana grinst.

MORITZ (CONT'D): Äh ... wie heißt du noch mal?

LANA: Lana ... (LÄCHELT) Vielleicht kannst du's dir besser merken, wenn du's rückwärts buchstabierst ...
> Moritz ist sprachlos.

WOHNUNG ANNA LUDO/SCHLAFZIMMER I/N
> Ludo und Anna im Bett. Laut und deutlich ist Ralfs Geschnarche zu hören. Ludo starrt an die Decke.

ANNA: Ludo ...?
> Anna dreht sich zu Ludo.

ANNA (FLÜSTERT) (CONT'D): Ich will mit dir schlafen ...

LUDO: Jetzt ...?
> Sie krabbelt zu Ludo rüber und fängt an, ihn zu küssen. Deckengewurschtel. Anna legt sich auf Ludo. Sie küssen sich weiter. Anna hält verwundert inne, guckt Ludo an.

ANNA: Was is los?

LUDO: Ich kann nich.
> Ludo räuspert sich. Anna kuschelt sich an ihn.

ANNA: Isses wegen mir?

LUDO: Quatsch ... es ist nur ... meine Gedanken kreisen ...
> Pause.

ANNA: Aha ...

LUDO: Und außerdem kann ich nicht, wenn der Typ hier nebenan am Schnarchen is.

ANNA: Ludo!! Wir hams hinterm Wühltisch im Karstadt gemacht – und jetzt kannst du nicht, weil der schnarcht?! Der schläft doch!

LUDO: Ja, still und leise wie ein Baby.
    Pause.

ANNA: Du kannst mir alles sagen ... das weißt du ... kann ja jedem mal passieren ...

LUDO: O Mann ...
    Pause. Das Geschnarche von Ralf.

ANNA: Was heißt 'n das, deine Gedanken kreisen ... über was denn?

LUDO: Anna, lass uns jetzt schlafen, ja?
    Ludo wendet Anna den Rücken zu.

WOHNUNG I / N
    Moritz ist im siebten Himmel. Lana hat sexy Unterwäsche an. Beide knutschen wild rum. Moritz will Lanas BH aufmachen.

LANA: Nee, nich so ...

MORITZ (HEKTISCH): Momentchen, hab mir nur grad den Daumen geklemmt ...

LANA: Nee, ich mein eher, so überhaupt nich ...
Lana setzt sich auf.

LANA (CONT'D): Weißt du, ich hab mir wegen meiner Sex-sucht schon so viel kaputtgemacht, und ich spür grad, dass ich bei dir zum ersten Mal damit warten will, weil du was Besonderes bist!

MORITZ: Aber so besonders bin ich gar nicht! Echt nich ...

LANA (LÄCHELT): Doch, und das weißt du auch ... Neben dir will ich einfach nur einschlafen. Und das is doch viel schöner und inti-mer als wilder, unkontrollierter Sex ...
Lana kuschelt sich an Moritz.

LANA (CONT'D): ... Weißt du, ich spür sogar deine Erektion, und es macht mir gar nichts aus ... da kannst du dir echt was drauf ein-bilden ...

MORITZ: Na ja ... danke ...

LANA: Schlaf schön, Moritz-Moritz, ... bis morgen ...

MORITZ: Bis morgen ...

WOHNUNG ANNA/BADEZIMMER I/T
Ludo allein im Bad. Auf der Ablage Annas Schminkbeutel und verschiedene Tiegel. Ludo schaut sein Spiegelbild an und zieht seine Gesichtshaut mit beiden Händen nach hinten. Keine Falten. Er lässt los. Falten. Er guckt in Annas Schminkbeutel rein, begutachtet den Inhalt. Dann schraubt er ihre Creme auf und tupft sie sich unter die Augen.

ANNA (O. S.): Ich hab für uns den Tisch bestellt, um vier. Und
davor machen wir 'ne Bootstour, o. k.?

> Ludo verreibt schnell die Creme in seinem Gesicht. Anna
> kommt herein, macht Zahnpasta auf ihre Zahnbürste. Ludo
> guckt in den Spiegel.

LUDO: Ich find schon, dass ich jünger aussehe ...

ANNA (LIEB): Na klar ... viel jünger ...

> Ludo überspielt seine Verlegenheit und macht auch Zahn-
> pasta auf seine Zahnbürste.

LUDO: Ich werd auch oft jünger geschätzt ...

ANNA: Hmhm ...

> Anna spuckt aus und gibt Ludo einen Kuss. Pause. Ludo guckt
> immer noch unzufrieden.

LUDO: Man is ja sowieso immer so alt, wie man sich fühlt ...

> Anna schraubt ihre Gesichtscreme auf. Anna guckt verwun-
> dert in den Cremetiegel.

ANNA: Was is denn mit meiner Augencreme passiert? Hast du
die benutzt?

LUDO: Quatsch!

> Anna geht raus. Ludo sieht ihr hinterher und schnappt sich
> schnell ihren Schminkbeutel und steckt ihn ein.

WOHNUNG LANA I/T

> Moritz sitzt mit heruntergelassener Hose auf dem Klo und
> macht ein angestrengtes Kack-Gesicht. Blick in die Woh-
> nung. Verstreute Klamotten von letzter Nacht etc. ... Wir

hören: Finales erleichtertes Stöhnen von Moritz, dann entspanntes Summen. Moritz steht auf und zieht die Spülung – ein dumpfes Röcheln, nichts passiert. Moritz drückt noch mal. Wieder nur Röcheln. Moritz nimmt den Deckel vom Spülkasten ab, guckt rein: Leer, kein Tropfen Wasser. Mist. Er guckt angewidert in die Schüssel. Sein Handy klingelt.

MORITZ: **Ja?**

LANA (O. S.): **Lana hier ... du, ich hab ganz vergessen, dir zu sagen, dass heute im ganzen Haus das Wasser abgestellt ist, ... also geh bloß nich aufs Klo, hihi ...**
Moritz formt mit seinen Lippen ein lautloses »FUCK«.

MORITZ (WIEDER IN DEN HÖRER): **Ja, dann danke fürs Bescheidsagen ...**

LANA: **Ich würd dich echt gern wiedersehen ...**
Moritz rollt ganz viel Klopapier ab und legt es auf das Häufchen.

MORITZ (ABWESEND): **... hmhm ...**

LANA: **O. k., ich komm sobald ich kann wieder nach Hause, vielleicht bist du ja dann noch da? Ich freu mich!**
Klick. Aufgelegt. Moritz sieht sich hektisch um.

MORITZ: **Mann Mann Mann ...**
Sein Blick fällt auf den Staubsauger im Flur. Er legt sein Handy auf dem Wohnzimmertisch ab und stöpselt das Ding ein. Er rollt es zum Bad und hält das Rohr in die Kloschüssel. Rrrrrr … das Ding wird angesaugt, »schmatz« und dann Stille. Moritz drückt noch mal auf den Staubsaugerknopf. Nix passiert. Er guckt in die Kloschüssel, verzieht angewidert das

Gesicht. Er schüttelt das Rohr ab und zieht es wieder raus. Moritz guckt sich um.

MORITZ (CONT'D): **Bingo!**
Im Flur steht eine volle Tengelmanntüte. Moritz schüttelt die Einkäufe aus der Tüte und flitzt damit zurück ins Bad. Er kniet sich vors Klo und stülpt die Tüte wie einen OP-Handschuh über. Er greift ins Klo. Geschafft! Moritz hält die Tüte in der Hand und knotet sie zu. Zufrieden betrachtet er sein Werk. Mit spitzen Fingern trägt er die Tüte durch die Wohnung. Moritz legt die Tüte neben sein Handy auf den Tisch, zieht sich die Schuhe an. Fröhlich pfeifend verlässt er die Wohnung …

HAUS LANA / TREPPENHAUS I/T
Rums – die Wohnungstür fällt ins Schloss. Moritz zieht den Reißverschluss seiner Jacke hoch. Er greift in seine Hosentasche. Nichts.

MORITZ: **Mein Handy ...**
Und nicht nur das …

MORITZ (CONT'D): **Die Tüte!!!!!!**
Moritz fährt herum, rüttelt wie wild an der Tür. Nix zu machen. Moritz gibt einen verzweifelten Jammerlaut von sich.

KINDERGARTEN / GARTEN A/T
Das Gesicht eines chinesischen Faltenhundes. Ein speckiger, faltiger Welpe. Die Kinder, Anna und Ludo stehen drumrum.

LUDO: **Der is ja süß ...**

ALLEGRA: **Den hab ich von meinem Papa zur Scheidung gekriegt!**

CHEYENNE-BLUE: Toll!!!
Ludo und Anna sehen sich an.

ANNA: Aha ...

LUDO: Darf ich den mal halten?

ALLEGRA: Klar.
Sie reicht ihm den Hund. Ludo knuddelt ihn an sein Gesicht.

LUDO: Ja, was bist denn du für ein Süßer?
Ludo lächelt das Hundebaby glücklich an.

CHEYENNE-BLUE: Der sieht genauso aus wie du.
Ludo guckt Cheyenne-Blue an und dann den Hund.
Anna muss grinsen.

LUDO: Ich hab doch viel kleinere Ohren.

CHEYENNE-BLUE: Aber dafür hast du viel mehr Falten!!

LUDO: Haha, ham wir heute wieder 'n Clown gefrühstückt?

ALLEGRA: Das ist die Idee! Ich nenn ihn »Ludo«!!
Ludo gibt den Hund zurück.

CHEYENNE-BLUE: Du kannst den Hund nich Ludo nennen!

ALLEGRA: Wieso nich?

CHEYENNE-BLUE: Weil man sie doch sonst verwechselt!
Alle lachen. Außer Ludo.

LUDO: Jaja, was ham wir gelacht ... (ZU ANNA) Ich muss jetzt los ...

ANNA: Wie? Wohin denn?

LUDO: Ich ... muss zur Vorsorgeuntersuchung.

ANNA: Hä? Für was denn?

LUDO: Ja, halt zur Vorsorge.

ANNA: Ja, aber für was?

LUDO: Hey ... das is Männersache ... da will ich jetzt nicht drüber reden.

ANNA: Prostata?

LUDO: So sieht's aus. Prostata.

SCHÖNHEITSINSTITUT I/T
     Wir sehen Ludos Augenpartie durch eine riesige Lupe. Die Kamera zieht auf. Ein schicker loungeartiger Praxisraum.

ARZT: Die Krähenfüße sind kein Problem, das machen wir mit Botox, die unvorteilhaften Lachfalten hier und hier unterspritz ich Ihnen, und die kleine Fettwulst da am Kinn saug ich Ihnen auch noch ab!
     Der Arzt malt Ludo Striche ins Gesicht.

LUDO: Ich hab 'n Doppelkinn?

ARZT: Das hab ich nicht gesagt. Ich habe lediglich von einer Fettwulst gesprochen.

LUDO: O Gott ...

ARZT: Keine Angst, schauen Sie mich an. Ich bin schon weit über fünfzig, aber ohne diverse OPs wäre ich heute noch bei meiner Exfrau, die is genauso alt wie ich und hat Orangenhaut an den Armen!

Ludo betrachtet sein vollgemaltes Gesicht im Spiegel.

LUDO: Okay ... ich mach's ...

ARZT: Für eine vollständige und dauerhafte Verjüngung bringen diese minimalinvasiven Methoden natürlich nicht viel! Da müssen wir härtere Geschütze auffahren! In Ihrem Alter funktioniert eigentlich nur noch ein radikales Facelift. Da schneid ich Ihnen an der Haargrenze entlang, von Ohr zu Ohr, löse die Gesichtshaut ab und lege sie nach hinten. Die überschüssige Haut wird entfernt, alles wieder festgenäht und fertig! Das sitzt so bombenfest, da können Sie nicht mal mit der Stirn runzeln!

Ludo guckt erschrocken.

ARZT (CONT'D): Kleiner Scherz!

LUDO: Kann's da eventuell auch Komplikationen geben? Ich mein, ich will ja am Schluss nicht aussehen wie Zsa Zsa Gabor ...

ARZT: Keine Sorge ... Die plastische Chirurgie hat in den letzten zwanzig Jahren Quantensprünge vollbracht! Nur in Einzelfällen kommt es hier und da mal zu Asymmetrien oder gröberen Verzerrungen ...
    Der Arzt nimmt seinen Terminplaner.

ARZT (CONT'D): Also ... nächste Woche Dienstag um zehn?
    Ludo schaut den Arzt mit großen Augen an. Sein Handy klingelt.

LUDO: Hallo?

WECHSELSCHNITT MIT: STADT/TELEFONZELLE A/T

Moritz steht in einer Telefonzelle.

MORITZ: Ludo, es geht um Leben und Tod!

LUDO: Moritz, was is'n das für 'ne Nummer?

MORITZ: Quatsch nich rum, ich bin hier in 'ner Telefonzelle.
Du musst sofort kommen!

VOR HAUS LANA A/T

Ludo und Moritz stehen vor Lanas Haus, einem schönen Alt-
bau mit einer Markise davor, und gucken nach oben.

LUDO: Ach du Scheiße ...

MORITZ (SCHLUCKT): Vielleicht sieht's ja nur von hier unten so
hoch aus?

LUDO: Heul nich rum. Ich bin um vier mit Anna verabredet, also los jetzt!
>Ludo nimmt seine Hand und drückt sie auf alle Klingelschilder.

VERSCHIEDENE STIMMEN (O. S.): Hallo? ... Hallo?

MORITZ: Ja, entschuldig...

LUDO (UNTERBRICHT): Teeeelekom!!!
>Der Türsummer geht. Ludo und Moritz rennen ins Haus.

TREPPENHAUS LANA I/T
>Ludo guckt sich um.

LUDO: Wo is der Aufzug?

MORITZ: Gibt keinen.

LUDO: Ach du Scheiße ...
>Ludo sprintet die Treppen rauf, Moritz keucht hinterher.

HAUS LANA/TREPPE OBERGESCHOSS I/T
>Moritz zeigt auf eine schwere Sicherheitstür.

MORITZ: Hier isses.
>Ludo entdeckt die Tür zum Dachgeschoss.

LUDO: Komm, wir gehen übers Dach.
>Moritz drückt die Klinke.

MORITZ: Is zu. Na ja ... wenigstens ham wir's versucht.

LUDO: Memme!

MORITZ: Was heißt 'n hier Memme? Da is abgeschlossen!

HAUS LANA/TREPPE OBERGESCHOSS I/T
Moritz reibt sich mit schmerzverzerrtem Gesicht die Schulter.

LUDO: Na los, noch mal ...

MORITZ: Wieso machst du'n das nich? Du bist doch viel dicker als ich!

LUDO: Weil der dicke Haufen da drin von dir is und nich von mir! Also, mach hin!
Moritz nimmt noch mal Anlauf, knallt voll gegen die Tür und fällt davon ab wie ein Sack Kartoffeln.

LUDO (CONT'D): O Mann ...
Moritz steht vor der Tür und guckt leidend. Ludo atmet tief durch, nimmt dann Anlauf und – krach – die Tür fällt nach vorne, mit Moritz und Ludo obendrauf.

LUDO (CONT'D): Pass doch auf!!!
Die Bretter der Tür liegen auf ihnen wie eine Bettdecke.

MORITZ (JAMMERT): Mammamia! Das war so 'ne schöne Nacht, und wenn sie jetzt nach Hause kommt, liegt da meine Kackwurst auf'm Tisch ... (HAT EINE IDEE) Ich könnt ja einfach sagen, der Briefträger hat 'n Paket für sie abgegeben ...

LUDO: 'n Paket aus Darmstadt oder was?

HAUS LANA / DACH A / T

Ludo und Moritz steigen aufs Dach und laufen vor zum Rand. Moritz sieht nach unten.

MORITZ (DRAMATISCH): Und wenn wir hier abstürzen und sterben?

LUDO: Dann hat sie wenigstens 'n schönes Abschiedsgeschenk von dir!

MORITZ: Haha ...

LUDO: Los, sicher mich!

Ludo hält Moritz' Arm fest und lehnt sich nach vorne. Moritz stemmt sich dagegen und hält sich an einer Satellitenschüssel fest. Pling, plock. Die Satellitenschüssel reißt aus der Verankerung.

MORITZ: Huch!

103

Die Schüssel rutscht unter Moritz' Hintern. Wusch – Moritz saust auf seinem Gefährt übers Dach, erwischt unterwegs Ludo.

LUDO: **Arrgh! Was machst du?!!!**
Ludo hängt mit einer Hand am Dach.

MORITZ: **Luudoooooo!**
Moritz saust in die Tiefe. Das Kabel reißt aus dem Putz raus.

HAUS LANA/TV WOHNUNG I/T
Close: Ein Fernsehbild wird krisselig.
Gegenüber ein ungepflegter Typ mit Flips und Bier. Er kneift die Augen zusammen.

UNGEPFLEGTER TYP: **Hä?**
Kurze Stille. Dann – wusch – saust der Fernseher die Wand hoch und bleibt oben am Kabeleingang hängen.

HAUS LANA/DACH A/T
Moritz saust auf der Schüssel über den Rand des Daches hinweg und stürzt in die Tiefe. Die Länge des Kabels stoppt den Fall abrupt und reißt die Schüssel samt Moritz zurück in das Wohnzimmerfenster von Lana, das mit einem riesigen Schlag zerbirst. Ludo rutscht ab, segelt über die Dachkante und kann sich mit letzter Kraft an der Dachrinne festhalten. Diese bricht ob seines Gewichts. Ludo fällt und ergreift in letzter Sekunde das Fernsehkabel, das seinen Fall aber erst bremst, als sich die Satellitenschüssel im Fensterrahmen verkeilt. Nur für Sekundenbruchteile scheint Ludo gerettet, als das Kabel an der scharfen Kante reißt und Ludo in die Tiefe stürzt.

HAUS LANA/WOHNUNG LANA I/T

Moritz rappelt sich auf. Er rennt durch die Wohnung zum Tisch, schnappt sich erst das Handy, dann die Tüte. Er will zur Tür. Lana steht vor ihm.

LANA: Schnucki!
Moritz erstarrt. Lana entdeckt die kaputte Scheibe.

LANA (CONT'D): Was is denn hier passiert?
Moritz versteckt schnell die Tüte hinter seinem Rücken.

MORITZ: Äh ... nix.

LANA: Nix? ... Warum schlägst du meine Scheibe kaputt?

MORITZ: Ich war das nich. Es war ... eine Taube.

LANA: 'ne Taube?

MORITZ: Ja. Sie war sehr dick und sehr groß und sehr schwer.

LANA (ABSCHÄTZIG): Hmhm ... Und wo is die Taube jetzt? Hat sie sich verletzt?
Moritz überlegt.

MORITZ: Ja. Aber keine Angst, sie is hier drin. Ich bring sie jetzt in die Veterinärklinik.
Moritz will an Lana vorbei.

LANA: Oh, arme Taube ... Darf ich mal sehen?
Lana beugt sich zur Tüte, nimmt sie hoch.

LANA (CONT'D): Puh, die riecht aber komisch. Ich hol sie mal raus ...
Lana will die Tüte aufmachen. Moritz reißt sie ihr blitzschnell

aus der Hand und feuert sie durchs Fenster. Lana starrt ihn fassungslos an.

LANA (CONT'D): Was machst du????

VOR HAUS LANA A/T
Die Tüte im freien Fall. Ludo will sich gerade hochrappeln, doch – flatsch – kriegt er mit voller Wucht die Tüte auf den Kopf und fällt wieder um.

HAUS LANA/WOHNUNG LANA I/T
Lana steht da, guckt Moritz fassungslos an.

MORITZ: Die war schon tot. Deswegen hat sie auch so komisch gerochen ... Ich hab mich nicht getraut, es dir zu sagen ...
Lana lächelt ihn an.

LANA: Ach so ...

MORITZ: So, jetzt muss ich aber ...

LANA: Wohin denn?

MORITZ: Na, ich muss doch die Taube beerdigen. Oder willst du sie einfach auf der Straße liegen lassen?

LANA: Nein, natürlich nicht.

MORITZ: Siehst du? Warte hier auf mich, ich bin gleich zurück.

LANA: Moritz?
Er dreht sich noch mal um.

MORITZ: Ja?

LANA: Du bist ein toller Mann!
    Moritz lächelt geschmeichelt und rennt dann hinaus.

VOR HAUS A/T
    Moritz läuft aus dem Haus, guckt nach oben.

MORITZ (SCHREIT ZUM DACH): LUDO, we did it!!!!!
Ludooo???

LUDO (VON UNTEN): Hier.
    Moritz guckt nach unten. Dort liegt ein Mann mit der (noch hei-
    len) Tüte auf dem Gesicht. Moritz zieht die Tüte zur Seite. Ludo.

MORITZ: Alter Falter ... Was machst du denn hier?

LUDO (STÖHNT): Komm, hilf mir hoch.
    Ludo sieht ziemlich mitgenommen aus. Moritz hält inne.

LUDO (CONT'D): Was is?

MORITZ: Du hast da was am Ohr ... sieht aus wie ...

LUDO: Sprich es nicht aus! Auch wenn du weißt, was es is, sprich
es nicht aus!!!

MORITZ: War 'n Witz.

LUDO: Wie viel Uhr isses?
    Moritz guckt auf seine Uhr.

MORITZ: Vier. Wieso?

STRASSE U-TURN A/T
Ludo brettert durch die Stadt. Er wählt Annas Nummer.

INTERCUT MIT:
TIERGARTEN BOOT A/T
Anna geht ans Handy. Sie sitzt in einem Ruderboot mit Ralf.

ANNA: Hallo?

LUDO: Ich bin in zehn Minuten da, kannst schon mal rauskommen!

ANNA: Ludo, ich bin nicht zu Hause!

LUDO: Wie? Wir ham 'ne Verabredung! Wo bist'n du?

ANNA: Wo warst du die ganze Zeit?

LUDO: WO DU BIST?

ANNA: WO DU WARST???

LUDO: Beim Bäcker ...

ANNA: Beim Bäcker? ... Wieso bist'n du nich ans Handy gegangen?

LUDO: Ich hab's nich gehört?

ANNA: Beim Bäcker Handy nich gehört? Alles klar. Und wie geht's der Prostata?

LUDO: Welche Prostata?

ANNA: Die von meiner Oma. Ludo, du hast mir erzählt, du hast 'ne Prostata-Vorsorgeuntersuchung!

LUDO: Ja, genau, hatt ich ja auch ... Sagst du mir jetzt höflicher-
weise, wo du dich gerade aufhältst?

ANNA: Wir sind schon da.

LUDO: Wer wir?

ANNA: Na, der Ralf und ich, wir sind schon vorausgefahren und
haben gewartet, bis der Monsieur sich meldet.

LUDO: Was geht'n jetzt?

ANNA: Mann, Ludo, du warst den ganzen Tag nicht zu erreichen,
ich hab dir tausendmal aufs Band gequatscht ...
    Ralf beugt sich vor.

RALF (LEISE ZU ANNA): Hey, wenn's jetzt irgendwie Stress gibt ...
ich kann auch wieder mit der Bahn zurückfahren ...
    Anna guckt Ralf an: Kommt gar nich in Frage!

LUDO: Was labert der da?

ANNA: Nix. Jetzt schwing die Hufe, wir haben den Tisch verschoben. Also, wir warten auch mit der Bestellung auf dich!
    Ludo haut in die Bremsen und macht einen Hollywood
    U-Turn. Die Reifen quietschen. Durch Ludos Heckscheibe
    sieht man nur noch Rauch. Er tritt aufs Gas.

TIERGARTEN BOOT A/T

RALF (VERSTÄNDNISVOLL): Hat Ludo wirklich Probleme mit der
Prostata?
    Anna kramt in ihrer Handtasche.

ANNA: Ach Quatsch. Das hat er nur wieder erfunden ... Er war irgendwo anders. Tja, und das will er mir wohl nich sagen ...

RALF: In seinem Alter kommt das aber schon mal vor, is an und für sich nichts Ungewöhnliches ... Vielleicht schämt er sich einfach nur ...
    Anna kramt in ihrer Handtasche.

ANNA: Ich find meinen Schminkbeutel irgendwie nich ...

RALF: Du willst dich doch jetzt hier in freier Natur nicht etwa schminken?

ANNA: Doch ...
    Ralf lächelt milde.

RALF: Anna, ungeschminkt siehst du am schönsten aus ... das hab ich dir damals schon immer gesagt.

ANNA: Haha ... ich hab voll die geschwollenen Augen ...

RALF (BETRACHTET ANNA): Anna, du hast die schönsten Augen auf der Welt ...
    Anna lächelt geschmeichelt.

FLASHBACK/WEG AM SEE A/T
SZENE ENTFÄLLT!

PARKPLATZ AUSFLUGSLOKAL AM WASSER A/T
    Ludo parkt mit quietschenden Reifen ein. Hektisch fummelt er Annas Schminktäschchen aus der Jackentasche. Er sieht sich verstohlen um, dann greift er sich Annas Concealer und hält ihn unters Auge. Flatsch – es kommt zu viel raus.

LUDO: **Verdammt!**
  Ludo verreibt alles und kriegt ganz braune Finger.

LUDO (CONT'D): **Ihhgitt ...**
  Ludo verreibt ungeduldig den letzten Rest, letzter Blick in den
  Rückspiegel. Er lächelt, steckt den Concealer in seine Tasche
  und geht raus.

AUSFLUGSLOKAL AM WASSER I / T
  Ludo betritt das Lokal. Von weitem sieht er, wie Anna und Ralf
  sehr eng zusammensitzen und offensichtlich bester Laune
  sind. Sein Blick verdunkelt sich, aber er entschließt sich, gute
  Miene zum bösen Spiel zu machen. Ludo kommt am Tisch an
  und hängt seine Jacke über den Stuhl und setzt sich. Er beugt
  sich zu Anna und gibt ihr einen Kuss. Die ganze Zeit würdigt
  er Ralf keines Blickes.

LUDO: **Du siehst bezaubernd aus ... Liebling.**

ANNA: **Was hast du denn da?**

LUDO: **Was?**

ANNA: **Du hast da Dreck am Auge. Warte, ich mach's weg.**

LUDO: **Lass mal ...**
  Anna nimmt die Serviette und wischt Ludo im Gesicht herum.
  Ludo versucht zurückzuweichen.

ANNA: **Moment, da is noch was ...**

LUDO: **Jetzt lass doch mal.**
  Ludo nimmt schnell die Karte hoch.

LUDO (CONT'D): Na, was essen wir denn? Vielleicht heute mal
kein Couscous, hm?
> Stille. Ludo guckt von der Karte hoch. Die Serviette liegt auf
> dem Tisch. Sie hat braune Flecken. Ludo wird knallrot.

RALF (LACHT): Ich glaub, dein Freund färbt ab, Anna.
> Anna nimmt die Serviette hoch.

ANNA: Das is doch ...

RALF: Schminke!

ANNA: Hast du dich geschminkt?

LUDO: Ja sicher! Jetzt bin ich noch schuld, wenn die in diesem
Schmuddelladen ihre Servietten nicht waschen können! Lächerlich!

ANNA: Bist du sicher, dass du beim Bäcker warst?

LUDO: Ja!

ANNA: Hast du dich mit Marie getroffen?
   Ralf, ganz der Detektiv, untersucht die Serviette.

RALF: Das ist auf jeden Fall kein Dreck ...

LUDO: Kümmer du dich mal lieber um den Hunger in der Welt, dann gehst du wenigstens hier keinem auf die Nerven!

RALF: Was hast'n du fürn Problem?

LUDO: Ich hab kein Problem, mein Freund! Aber du hast gleich eins.

ANNA: Ludo!

LUDO (ZU RALF):
Denkst du, ich weiß nicht, was du hier machst?! ...

RALF: Aha. Was mach ich denn?

LUDO: Du setzt dich hier wie 'ne Zecke ins gemachte Nest und baggerst die ganze Zeit an meiner Freundin rum!

RALF (LACHT AUF): Die Anna? Das is doch absurd!

ANNA: Na also, so absurd is das jetzt auch wieder nich. Ich werde nämlich sehr oft angebaggert! Aber das interessiert meinen Freund ja sonst auch nich!

LUDO: Schön für dich! Schreib's doch mit auf deine Liste als neue Rubrik!
   Ein Kellner tritt an den Tisch.

RALF: Welche Liste?

LUDO: Vielleicht schreibst du ehrlicherweise wenigstens noch dazu, dass der Typ 'n abartigen Busch an seinem Eiffelturm hat!

ANNA: Du hast bei mir rumgeschnüffelt?!! ... Ich fass es nicht!!!

LUDO: Ohhoohoo, mein Herz bricht! Die Frau Akrobatin, die mit ihrem Fuß SMSen lesen kann, ist am Boden zerstört!

KELLNER (VORSICHTIG): Die Herrschaften haben gewählt?

ANNA (AGGRESSIV): Bringen Sie meinem Freund doch einfach 'ne Portion Intimsphäre. Da kann er schön drin rumstochern!!!!

LUDO (LAUT): Dann hätt ich aber gern noch 'n Teller Rumbums-Kartoffeln dazu für meine heißhungrige Freundin hier!!!

ANNA: Deine heißhungrige Freundin???? Was bist'n du dann bitte? Der einzige Grund, dass du keine Liste hast, ist, weil du dich an die Namen von all den Schlampen nicht erinnern kannst!!!!

LUDO (COOL ZUM KELLNER): Ich nehm die Rumbumskartoffeln. Mit 'ner Extraportion Hysteriebohnen.
  Der Kellner guckt überfordert und macht sich seine Notizen.

ANNA (EBENSO COOL): Ich nehm ein kleines Schlappmach-würstchen mit Senf, bitte.
  Der hat gesessen. Anna und Ludo starren sich mit bohrenden Blicken an. Ralf grinst.

LUDO: Was grinst du so doof?

RALF: Schlappmachwürstchen ist lustig ...
  Ludo steht auf.

LUDO: Ach ja?

RALF: Ja ...
> That is enough! Ludo schlägt Ralf mit voller Wucht ins Gesicht. Ralf kippt mit seinem Stuhl nach hinten. Die Aufmerksamkeit des gesamten Lokals konzentriert sich auf unseren Tisch. Anna stürzt sofort zu Ralf, der am Boden liegt und sehr leidet.

LUDO (ZUM KELLNER): Er hat angefangen.

ANNA: Ludo, der Ralf blutet!!! Hast du sie noch alle?

LUDO: Das war für sein doofes Grinsen ...

ANNA: Du bist so primitiv!

RALF: Aaaah, ich kann meinen Nacken nicht mehr bewegen. Ich glaube, er ist gebrochen ...

LUDO: Wem erzählst du's als Nächstes? Mach doch 'n Aushang im Kindergarten: Ludo Decker, unser Schlappmachwürstchen!!!

RALF: Ahhh ... meine Nase ... diese Schmerzen ...

ANNA: Hast du keine anderen Probleme?! ... Ich meine ... du prügelst hier wie ein wild gewordener Stier vor aller Augen auf den armen Ralf ein. Ludo, was is mit dir los?

LUDO: Mit mir? Das is gut ... das is echt gut ...
> Ludo schnappt sich seine Jacke und geht. Dabei fällt Annas Concealer auf den Boden. Die Frau vom Nebentisch hebt ihn auf.

FRAU VOM NEBENTISCH (RUFT IHM NACH): Entschuldigung!
Sie haben ihren Concealer vergessen!

STRASSE A/T
> Ludo im Auto. Er denkt nach. Nach einer Weile nimmt er sein
> Telefon und wählt.

MORITZ: Hallo?

LUDO: Sach mal, ... was machst du heut Abend?

MORITZ: Was ich heut mache? Heut is Party angesagt!!

LUDO: Wo?

MORITZ: Bangaluu ... Kostümparty ... geilste Party des Jahres ...

LUDO: Kostümparty ... ich hab kein Kostüm ...

MORITZ: Wie jetzt ...? Kommste mit?

LUDO: Wenn du 'n Kostüm für mich hast!

MORITZ: Ich besorg dir eins, okay?

LUDO: Okay ... aber kein Bärenkostüm oder so 'n Scheiß ... was
Cooles ...

MORITZ: Geht klar!
> Ludo legt auf.

WOHNUNG LUDO ANNA I / A

Moritz, als Fred Astaire verkleidet, steht vor Ludo mit einem Frauenkleid in der Hand.

LUDO: Ich hab doch gesagt, was Cooles ... Ginger Rogers ... ich lauf doch nich als Frau rum.

MORITZ: Ey, es gab sonst nix mehr, das war das letzte ... echt!
Ludo denkt nach.

LUDO: Okay, dann zieh deinen Kram aus. Ich geh als Fred!

MORITZ: Spinnst du jetzt ... du bist viel zu fett ... das passt mir ja kaum!
Ein Blick von Ludo verrät, dass er weiß, dass Moritz recht hat. Ludo seufzt. Moritz reicht Ludo die Weinflasche.

MORITZ (CONT'D): Hier, trink 'n Schluck, dass du besser drauf kommst. Heut Abend schießen wir uns ab, okay?

KLINIK BEHANDLUNGSZIMMER I/A
> Der Arzt betrachtet sehr konzentriert die MRT-Aufnahmen. Ralf sitzt leidend auf der Pritsche, Anna neben ihm.

ARZT: Also, die HWS ist völlig unversehrt ...

RALF: Was macht Sie da so sicher, Herr Doktor?

ARZT: Nun ... ich mache das hauptberuflich ...

RALF: Und was ist mit meiner Nase?

ARZT: Tja ... das Nasenbein ist gebrochen und etwas disloziert.

RALF: Oh, mein Gott ... was heißt das?

ARZT: Das ist nicht so schlimm. Alles in allem ein Bruch und eine leichte Verschiebung. Ich verabreiche Ihnen eine kleine Lokalanästhesie und renke das wieder ein.

RALF: Wird das nicht unter Vollnarkose gemacht?

ARZT: Bei Kindern schon ... aber wenn Sie's brauchen ...?

RALF (MIT BLICK ZU ANNA): Nein, nein ... ich kann Schmerzen sehr gut aushalten. In Afrika hatten wir noch nicht mal Aspirin.

ARZT: Wir können es auch ohne machen.

WOHNUNG ANNA UND LUDO I/N

MONTAGESEQUENZ: Ludo wird zur Frau. Wimpern biegen, Nägel lackieren, Make-up, Perücke aufsetzen, Kleid überstreifen. You name it!

GEHT ÜBER IN:

Ludo steht in fast voller Montur vor dem Spiegel, macht sein Kleid zu. Er scheint sich zu gefallen. Die zweite Weinflasche ist angebrochen.

LUDO: Wie seh ich aus?

MORITZ: Du bist so heiß, Ginger ... ich könnt dich gleich hier und jetzt auf der Stelle durchpoppen ...

LUDO: Ich komm vielleicht später drauf zurück! Wo sind meine Titten?

MORITZ: Hier ...
Moritz reicht Ludo ein Paar Silikoneinlagen. Sie sind ziemlich groß. Ludo versucht sie vorne ins Kleid zu schieben.

LUDO: Machst du mir mal den BH auf?

MORITZ: Gerne ...
Ludo verdreht die Augen. Moritz hilft ihm. Mit den dicken Titten geht das Kleid nicht mehr zu. Moritz zerrt am Reißverschluss.

LUDO: Aua ...

MORITZ: Der hängt an den Speckröllchen fest ...

LUDO: Ich geb dir gleich Speckröllchen ...

Ludo guckt auf ein zweites Kleid, das auf einem Bügel hängt. Er hält es sich vor die eine Hälfte der Brust, wechselt hin und her.

LUDO (CONT'D): Das oder das?

MORITZ: Das.
　　Ludo überlegt.

LUDO: Gefällt dir das andere nich?

MORITZ: Das hab ich nicht gesagt. ... Dann zieh halt das an.

LUDO: Welches?

MORITZ: Na, das andere.

LUDO: Macht mich die Farbe nich 'n bisschen blass? Wobei ... vom Stoff her schmeichelt's mir wahrscheinlich mehr ...

MORITZ (GENERVT): Jetzt entscheide dich doch mal, sonst ist die Party bald rum!

LUDO (ZÖGERLICH): O. k., ich nehm das.

MORITZ: Na also.

LUDO: Oder doch lieber das ...

MORITZ: Meine Fresse!

KLINIK BEHANDLUNGSZIMMER I / A
　　Der Arzt dicht vor Ralf und ... Kracks, kracks ... Anna verzieht das Gesicht.

RALF (SCHREIT WIE AM SPIESS): Aaaaahhhhhh!
  Geschafft, der Arzt richtet sich wieder auf.

ANNA: Du Armer ...

RALF (GUCKT ZU ANNA): War überhaupt nich schlimm ...
  Anna unterdrückt ein Grinsen.

ARZT: So, ich mach Ihnen jetzt einen Stützverband, den können
Sie nach fünf Tagen abnehmen.
  Der Arzt verlässt das Zimmer.

RALF: Also, den Verlauf dieses Tages hab ich mir schon ein wenig
anders vorgestellt ...

ANNA: Es tut mir so leid, Ralf ... und der Ludo hat bestimmt auch
schon ein ganz schlechtes Gewissen ...

STRASSE VOR KOSTÜMPARTY A/N
  Moritz und Ludo laufen auf den Eingang zur Party zu.
  Sie sind super drauf. Zwei Assis kommen ihnen entgegen.

MORITZ: Lächeln und Möpse raus ...
  Die zwei Assis versperren Ludo und Moritz den Weg.

LUDO/GINGER ROGERS: Hey, Jungs ... ihr steht im Weg.

ASSI 1: Na, Püppi, mein Bruder und ich haben grad gewettet, dass
du mir jetzt gleich einen Kuss gibst.
  Er beugt sich zu Ludo vor. Ludo legt ihm seinen Zeigefinger
  auf die Lippen.

LUDO/GINGER ROGERS: Hast gerade verloren.

Assi 2 lacht und stellt sich vor Ludo.

ASSI 2: **Dann hab ich gewonnen.**
Er kneift in Ludos falsche Brüste.

ASSI 2 (MACHT DABEI HUPGERÄUSCHE): **Oink, oink ...**

LUDO/GINGER ROGERS: **Na, hör mal ...**
Assi 2 hört nicht, stattdessen piekt er Ludo mit dem Zeigefinger genau auf den Nippel.

ASSI 2: **Mmmiiiieeeep!**
Whaamm! Assi 2 geht zu Boden. Ludo hat ihm sein Knie in die Eier gerammt. Assi 1 schaut Ludo, Kinnlade unten, entgeistert an. Ludo zuppelt sein Kleid zurecht.

MORITZ: **Ihr Bruder hat ausgesprochen schlechte Manieren! Komm, Schatz, lass uns feiern gehen!**

WOHNUNG ANNA UND LUDO I/N
Anna und Ralf kommen nach Hause.

ANNA: **Wir sind wieder da!**
Keine Antwort.

ANNA (CONT'D): **Ludo?**
Anna sieht sich um. Ralf setzt sich leidend auf die Couch. Auf dem Tisch liegt ein Zettel. Anna liest.

ANNA (CONT'D): **»Mach heut Abend Party. Habt 'n schönen Abend und wartet nicht auf mich. Wird spät heute. Ludo« Was soll'n das jetzt?**
Ralf freut sich leise.

ANNA (CONT'D): Erst verprügelt er dich, dann lässt er uns da sitzen, wir müssen mit der Bahn zum Krankenhaus fahren und dann geht er aus und feiert ...

RALF (NÄSELT): Wieso stehn da zwei Gläser?
> Anna nimmt ein Glas hoch und schaut es sich an.

ANNA: Da ist ja Lippenstift dran ...

RALF (NÄSELT): Scheiße ... O Mann ...
> Anna sackt auf die Bettkante.

KOSTÜMPARTY I / N
> Wilde Party. Alle sind betrunken. Fred und Ginger tanzen und sind verdammt gut drauf. Beide haben eine Wodkaflasche in der Hand und trinken aus Strohhalmen.
> Ein Mann mit dicker Brille und Hasenkostüm (Herb) steht am Rand der Tanzfläche und starrt fasziniert Ludo / Ginger an.

MORITZ: Hey, du süße Maus! Ich glaub, der Typ is total verknallt in dich!

LUDO: Wer?
> Moritz zeigt auf ihn.

MORITZ: Na, der Hase mit den Glasbausteinen.

LUDO (GRINST): Ich kann bessere haben!

MORITZ: Nicht so arrogant, du bist nicht mehr die Jüngste ...

LUDO: Halt's Maul, ich bin im besten Alter!

WOHNUNG LUDO UND ANNA I/N

Ralf und Anna sitzen am Küchentisch und trinken Wein.
Ralf näselt während der ganzen Szene. Anna ist angetrunken. Ralf gießt den letzten Rest Wein in Annas Glas.

RALF: Jetzt isser leer ...

ANNA: Ja ... wenn Ludo vorher drei Flaschen mit Marie wegsäuft ...

RALF: Du weißt doch gar nicht, ob sie hier war!

ANNA: Nö, woher auch? Der Ludo benutzt ja seit neustem Lippenstift.
Ralf seufzt.

RALF: Punkt für dich!

ANNA: Der hat doch extra das Glas da stehen lassen!

RALF: Meinst du? Na ja, vielleicht is das seine Art, dir zu zeigen, dass er gekränkt ist. Ich kann schon verstehen, dass er nicht begeistert war, diese … Dinge … über mich zu lesen. So was liest kein Mann gerne.

ANNA: Das is doch albern! Der Ludo weiß doch, dass wir immer super Sex hatten … was muss der auch in diese uralte Liste reingucken? Wieso hab ich die nich verbrannt?

RALF: Das war sicherlich unbedacht von dir … obwohl … es ist schon irgendwie ein Eingriff in deine Privatsphäre …

ANNA: Ich hab davor auch in sein Handy geguckt …

RALF: Ehrlich? Aber warum? Das is doch Scheiße, Anna …

ANNA: Ich weiß.

RALF: Puuuh ... also, das ist tricky ... ich kann den aber auch gar nicht einschätzen ... der ist so anders als du.
  Anna schaut Ralf an.

KOSTÜMPARTY I/N

Die Party ist so gut wie zu Ende. Ludo sitzt total besoffen an der Bar und ist ein Bild des Jammers. Moritz ist weg. Herb, im Hasenkostüm, Flasche Wodka in der Hand und ziemlich betrunken, setzt sich neben Ludo.

HERB: Na, du ... ich binner Herb ...

LUDO: Setzichdoch ... Herb ... ich bin Ginger.

HERB: Du danzt gut.

LUDO: Na dassisoch super ...
   Ludo starrt vor sich hin.

HERB: Nimmssu noch einen?

LUDO: Klar ...
   Pause. Herb schenkt nach.

LUDO (CONT'D): Hat dir schomma 'ne Frau 'n Orgasmus vor-
gespielt?

HERB: Ich fürchte schon ...

LUDO: Ich würd nie 'n Orgasmus vorspielen, niee ... wenn ich
komme, dann komm ich auch ... aber haloo!

HERB: Da dringen wirjetzeinendrauf ...
   Herb schenkt wieder nach.

WOHNUNG LUDO UND ANNA I/N
   Anna liegt im Bett, Ralf auf der Couch. Es ist dunkel.

RALF: Schläfst du?

ANNA: Nee ... noch nich ...

RALF: Weißt du was?

ANNA: Was?

RALF: Ich hab gestern Nacht von dir geträumt ...

ANNA: Echt? Was denn ...

RALF: Ach ... totalen Quatsch ... Wir waren in den Bergen, es hat total viel Schnee gehabt und du hast mich mit Schneebällen beworfen, und ich bin ausgerutscht und hingefallen, und weißt du, was du dann gemacht hast?

Keine Antwort.

RALF (CONT'D): Anna ...?
Anna ist eingeschlafen.

GEMÜTLICHES SCHLAFZIMMER I/T

Früher Morgen. Ludo wacht langsam auf. Verpennt öffnet er die Augen und schaut an sich runter. Er trägt nichts als ein rosa Negligé, er schaut nach links und sieht ein Hasenkostüm am Boden, daneben Herbs Brille, über der Stehlampe hängt Ludos Kleid. Er dreht sich nach links und erstarrt. Er erblickt Herb mit einem seligen Lächeln im Gesicht, splitterfasernackt.

LUDO: Lieber Gott, mach, dass das ein Traum ist ...

HERB: Na, du ...
Herb will seinen Arm um ihn legen. Ludo springt wie vom Affen gebissen auf.

LUDO: Ahhh ...!
Herb blinzelt verschlafen. Ludo versucht sich in sein Kleid zu zwängen.

HERB (LÄCHELT): Hab ich dich erschreckt, Mausi ... Komm wieder ins Bett, du Süße ... Wir kuscheln 'n bisschen ...

LUDO (VERZWEIFELT): O Gott ...

Herb betrachtet Ludo, der ganz hektisch versucht sich anzuziehen, mit liebevollem Blick.

HERB: Du hast ja 'ne tiefe Stimme ...

LUDO: Das hat mir noch nie jemand gesagt ...

HERB: Und du hast ja gar keine Titten ...
Ludo ist fertig mit der Welt, er will nur noch nach Hause.

HERB (CONT'D): Hey ... das hab ich nich so gemeint ... das steht
dir ... ich mag knabenhafte Frauen ...
Herb räkelt sich glücklich im Bett.

HERB (CONT'D): Das war ein wunderschöner Abend mit dir ...
Du bist soo lustig!
Ludo hält inne.

LUDO: Wie schön war's denn genau?

HERB: Für mich war's der beste Abend seit langem! Ich glaub, ich
könnt mich sogar 'n bisschen in dich verlieben ...

LUDO: Ich glaub das alles nich ...
Herb bemerkt Ludos Verzweiflung.

HERB: Keine Angst, ich halt dich jetzt nich für 'ne Schlampe oder
so ...
Ludo holt tief Luft.

LUDO: Wir hatten ... Sex?!!!

HERB: Ja klar!
Ludo wird fast ohnmächtig.

LUDO: O nein!

HERB: Scherz! Wir waren doch viel zu besoffen ...
Ludo fällt ein Stein vom Herzen.

LUDO: Gott sei Dank!!!

HERB: Aber du küsst gut!!!
Ludo erstarrt.

STRASSE A/D
Ludo stöckelt die Straße entlang. Er winkt ein Taxi heran und
steigt ein.

LUDO: Kopernikusstraße 10, bitte. Mann, tun mir die Füße weh ...
Der Taxifahrer guckt irritiert in den Rückspiegel.

LUDO (CONT'D): Is was?

TAXIFAHRER: Sorry ... äh ... Ihre Stimme is so tief ...

LUDO: Hab 'ne harte Nacht hinter mir ...
Der Taxifahrer fährt los. Ludo zieht hinten die Schuhe
aus.

LUDO (CONT'D): Schönes Taxi ...

TAXIFAHRER: Gibt's nur einmal in Berlin. Hab ich supergünstig
'nem Kollegen abgekauft.

LUDO: Ich glaub, mit dem bin ich schon mal gefahren. War 'n
totales Arschloch ...

TAXIFAHRER: Ja ... ich sag Ihnen, der hat vielleicht Dinger abgezogen ... War ganz schön peinlich für ihn ...

LUDO: Was hat er denn gemacht?

TAXIFAHRER: Er hat sich an Fahrgäste prostituiert ... Für schlappe 25 Euro hat er hier im Taxi seine Liebesdienste angeboten!!

LUDO (MUSS GRINSEN): Ich fass es nicht!

TAXIFAHRER: Ja, ne? Er hat 'n Typen und seine Freundin mitgenommen, und dem hat er dann mitten am Nachmittag schön lecker einen geblasen, und sie hat auch noch dabei zugeguckt!!!
Der Taxifahrer lacht sich schlapp.

LUDO: Nein!

TAXIFAHRER: Doch!!! Ich sag's dir. Der Typ war so geldgeil. Den hätten die auch für zwei Euro rumgekriegt! War ihm natürlich peinlich, dass es alle mitgekriegt haben ...

LUDO: Was macht er denn jetzt?

TAXIFAHRER: Er verkauft heiße Würstchen am Bahnhof.

LUDO: Würstchen? Passt ja ...

TAXIFAHRER: Ja, hihi ... Wenn wir da vorbeifahren, hupen wir immer ...
Der Wagen hält.

TAXIFAHRER (CONT'D): Wir sind da. Macht acht fünfzig.
Ludo gibt ihm einen Zwanni.

LUDO: Stimmt so. Können Sie Ihrem Kollegen was von mir ausrichten?

TAXIFAHRER: Klar.
    Ludo zieht die Perücke ab.

LUDO: Sagen Sie ihm liebe Grüße, und er kann echt klasse blasen!!!

TAXIFAHRER: Nee, ne ...?

PIZZATAXI I / D
SZENE GESTRICHEN

WOHNUNG ANNA LUDO I/T
    Die Haustür öffnet sich ganz vorsichtig ... ein leises Quietschen ist zu hören. Ludo verzieht sein Gesicht und schleicht auf Zehenspitzen, Pumps in der Hand, hinein. Es ist noch dunkel. Wusch, das Licht geht an.

ANNA: Hallo, Ludo!
    Ludo erstarrt.

ANNA (CONT'D): Du siehst vielleicht bescheuert aus! ...
    Ludo fällt nichts ein.

ANNA (CONT'D): Wo warst du?

LUDO: Was meinst du?

ANNA: Wie, was mein ich? Es ist halb acht Uhr morgens ... wo warst du?

LUDO (ABLENKUNGSMANÖVER): Wieso bist'n du nicht im Kindergarten?

ANNA: Wieso wohl? Also: Wo warst du?!!

LUDO: Wer passt jetzt auf die Kinder auf?

ANNA: Ralf.

LUDO: Ralf!?

ANNA: Wieso hast du 'n Kleid an?

LUDO: Ich hab mich als Frau verkleidet ...

ANNA: Das seh ich ... wieso?

LUDO: Weil ich auf 'ner Kostümparty war ...

ANNA: Wo?

LUDO: Wird das hier 'n Kreuzverhör oder was?

ANNA: WO?!

LUDO: Im Bangaluu.

ANNA: Die machen um vier zu ... Verkauf mich nicht für dumm. Also, wo warst du?
    Pause.

LUDO: Ich war bei Herb ... SO!!

ANNA: Wer ist Herb ...?

LUDO: Glaub mir, das willst du nich wissen ...

ANNA: Ich kenn keinen Herb.

LUDO: Du nich, aber ich ...

ANNA: Du kennst auch keinen Herb!

LUDO: Kenn ich wohl. Seit heut Nacht.

ANNA: Seit heut Nacht?

LUDO: Ja ...

ANNA: Is klar ... und der Herb heißt eigentlich Marie und hat
Silikonmöpse.

LUDO: NEIN! Herb heißt Herb und hat 'n SCHWANZ!! Okay!!??
Pause.

ANNA: Bist du jetzt schwul geworden?

LUDO: Nein!!

ANNA: Sag ruhig ... is okay mit mir.

LUDO: HALLO!!? Ich hab da geschlafen ...

ANNA: Wie geil! Herr Decker lernt einen wildfremden »Mann«
kennen und schläft die erste Nacht bei »ihm«... superglaubwürdig!!!

LUDO: Mann! Ich war total besoffen!!

ANNA: Ganz was Neues ... Mann, Ludo, erzähl mir keine Scheiße!

Wenn du mich betrogen hast, dann sag's mir jetzt!!
> Ludo wird trotzig.

LUDO: Ey, wir haben nur geknutscht, okay?
> Pause.

ANNA: Geknutscht?

LUDO: Sagt der Herb ... Ich kann mich an nix mehr erinnern ...
> Anna schaut Ludo an.

ANNA: Als Schauspieler bist du beschissen. Aber als Lügner bist
du noch schlechter! Wir müssen los. Denk dir bitte bis zur Mittags-
pause 'ne neue Geschichte aus, aber eine, die ich glauben kann.

STRASSE A/T

> Anna und Ludo sitzen im Auto. Sie sind auf dem Weg zum
> Kindergarten. Anna würdigt Ludo keines Blickes. Ludo schaut
> immer wieder aus den Augenwinkeln rüber zu Anna, er will
> was sagen, lässt es dann aber.

KINDERGARTEN I/T

> Ludo hinterm Kasperletheater. Ludo hat das Kasperle über
> der einen Hand. Anna sitzt daneben, zieht sich gerade das
> Krokodil über die Hand. Ludo lächelt, guckt Anna von der
> Seite an. Anna lächelt nicht.

LUDO/KASPERLESTIMME: Tritratrulala, tritratrulala, tritratrulala ...
> Das Kasperletheater von vorne. Die Kinder sitzen auf kleinen
> Stühlen, gucken auf das Kasperle und singen mit.

LUDO/KASPERLESTIMME (CONT'D): Hallo, Kinder, ich bin heute

soooo aufgeregt. Ich habe heute Geburtstag, und alle meine Freunde kommen. Klasse, da is ja schon das Krokodil!

    Das Krokodil sagt nichts.

LUDO/KASPERLESTIMME (CONT'D): Na, du süßes Krokodil, willst du mir nicht zum Geburtstag gratulieren?

ANNA/KROKODILSTIMME (LUSTLOS): Hallo, Kasperle, herzlichen Glückwunsch zum Geburtstag.

LUDO/KASPERLESTIMME: Uih, das Krokodil ist aber gar nicht gut drauf heute! Dabei gibt es doch niemanden auf der Welt, den das Kasperle lieber hat!!!

ANNA/KROKODILSTIMME: Das Krokodil möchte das ja auch so gerne glauben, aber das fällt schwer, wenn das Kasperle sich nachts mit irgendwelchen anderen Puppen vergnügt ...

LUDO/KASPERLESTIMME: Aber das Kasperle hat doch schon erklärt, dass das nur der Herb war ...

ANNA/KROKODILSTIMME: Dazu müsst ihr wissen, liebe Kinder, dass der »Herb« einen ganz großen Busen hat!

    Allegra und Cheyenne-Blue gucken sich an.

LUDO/KASPERLESTIMME (SCHNELL): Hahaa! Das Kasperle liiiebt die Witze vom Krokodil!

ANNA/KROKODILSTIMME: Dann schauen wir doch mal, wie lustig das Kasperle das findet!

    Das Krokodil brät dem Kasperle mit seinem Stock eins über. Die Kinder lachen.

LUDO: Ey! Spinnst du?

CHEYENNE-BLUE (AUFGEREGT): Das Krokodil hat dem Kasperle eine gehauen!

LUDO/KASPERLESTIMME: Nein, nein, das war doch nur Spaß. Das Kasperle gibt dem Krokodil jetzt mal einen ganz tollen Kuss, und dann beruhigt es sich wieder! ... Hmmmmm, lecker!
    Das Kasperle drückt dem Krokodil einen Kuss auf. Bumm, hat er wieder eine hängen.

ANNA/KROKODILSTIMME: Am Arsch beruhig ich mich, du Schleimer!
    Die Kinder lachen wieder.

CHEYENNE-BLUE: Cool. Das Krokodil is viel stärker als das Kasperle!!

ANNA/KROKODILSTIMME (HÄMISCH): Weil das Krokodil ausgeschlafen ist und sich nachts nicht herumtreibt! Puhhh, und dann muss es sich immer noch Märchengeschichten ausdenken!

CHEYENNE-BLUE: Los, hau das Kasperle noch mal!!

ANNA/KROKODILSTIMME: Aber gerne doch!
    Bumm.

ANNA/KROKODILSTIMME: Na, Kinder, war das lustig?
    Bumm, das Kasperle gibt dem Krokodil einen Nasencheck.

ANNA: Au! Spinnst du?

LUDO/KASPERLESTIMME: Wisst ihr eigentlich, dass das Krokodil schon mal auf dem Eiffelturm war???

ALLEGRA: Da war ich auch schon mal. Da kann man ganz Paris sehen!!!

LUDO / KASPERLESTIMME: Ohoho nein, nicht, als die Anna da war! Da war alles Buschland ... und das fand sie so unglaublich, dass sie das sofort in ihren spießigen Schnellhefter geschrieben hat!!!!!
    Bumm. Anna haut zurück. Applaus beim Publikum.

LUDO (SAUER): Mach das noch einmal!!
    Anna und Ludo sehen sich an. Anna zieht eine Augenbraue hoch und ... bumm!!!

LUDO / KASPERLESTIMME: Aua!!! Keine Angst Kinder, das Kasperle gewinnt immer!!
    Klack. Dem Kasperle fällt die Nase ab. Ludo sieht Anna fassungslos an.

ANNA / KROKODILSTIMME: Kasperle, Kasperle, wo is denn deine Nase????
    Das Kasperle tänzelt wütend um das Krokodil herum, legt den Kopf nach hinten und haut zu. Der Kasperlekopf fällt ab und rollt über den Boden ... Stille.

CHEYENNE-BLUE: Juhuuu, das Krokodil hat doch gewonnen!!!!
    Frenetischer Jubel. Ludo zieht den Rest vom Kasperle von der Hand.

LUDO: Mir reicht's!! Das is mir alles zu kindisch hier!
    Anna sieht Ludo an. Ludo steht auf.

ANNA: Geh doch, ich komm auch wunderbar ohne dich klar!!!!

LUDO: Danke. Ebenfalls!!!

ANNA: Was is? Dann geh doch!

LUDO: Mach ich auch!!!! Ich brauch 'ne Auszeit!

ANNA: Ich auch!
   Ludo wendet sich zum Gehen.

LUDO: Die nächsten Tage kannste den Laden hier alleine schmeißen!

ANNA: Kein Problem! Mach's gut, Ludo!
   Bumm, Ludo knallt die Tür zu. Stille.

KINDERGARTEN/GARTEN A/T
   Ludo ist schon fast am Gartentor. Cheyenne-Blue kommt hinterhergerannt.

CHEYENNE-BLUE: Ludoooo! Warte ...
Ludo dreht sich um.

CHEYENNE-BLUE (CONT'D): Gehst du jetzt für immer fort???
Ludo weiß nicht, was er antworten soll.

CHEYENNE-BLUE (CONT'D): Du gehst nicht weg, oder?
Ludo sieht Cheyenne-Blue an. Er geht in die Hocke. Es fällt
ihm schwer, sie anzusehen.

LUDO: Weißt du, ich war eigentlich immer 'n lausiger Kinder-
gärtner. Ihr braucht jemanden, der richtig gut auf euch aufpassen
kann ... Jemanden, der nicht bei der Arbeit einschläft ...

CHEYENNE-BLUE (GRINST): Aber dem kann man dann ja gar
nicht ins Gesicht furzen!
Ludo muss lachen.

LUDO: Das stimmt natürlich ...
Anna steht am Fenster.

ANNA (RUFT): Cheyenne-Blue, kommst du? Essen wird kalt ...
Ludo sieht Cheyenne-Blue an.

LUDO: Komm, geh wieder rein, sonst is die Anna traurig, ... hm?

CHEYENNE-BLUE: Ich will nicht, dass die Anna traurig ist ...

LUDO: Siehst du, das will ich auch nich ...

WOHNUNG ANNA LUDO/WOHNZIMMER I/N
Anna sitzt mit einem Glas Wein am Tisch. Ralf kommt. Er hat
seinen Seesack gepackt.

RALF: Danke noch mal, dass ich bei dir wohnen durfte ...
Ralf sieht Anna mit sorgenvoller Barbara-Walters-Miene an.
Er setzt sich zu ihr.

RALF (CONT'D): Vielleicht kommt er ja noch ...
Pause.

ANNA: Wenn er gestern und vorgestern und vorvorgestern nich gekommen is, kommt er heute auch nich ... Wer weiß, is wahrscheinlich besser so ...
Ralf sieht Anna an.

RALF: Eigentlich hat er ja recht ...

ANNA: Ich dachte, du verstehst mich?

RALF: Damit, dass ich dich immer noch liebe und deshalb hier bin ...

ANNA: Aber das is doch so lange her, und du bist doch gegangen ...?

RALF: Ja, das war 'n großer Fehler. Ich hab dich nie vergessen können, hab dich jeden Tag vermisst ... Den Brunnen, den ich gebaut habe, den hab ich nach dir benannt ...

ANNA (GERÜHRT): Echt?

RALF: Ja. In einem kleinen Dorf in Tansania steht jetzt ein Anna-Gotzlowski-Brunnen.
Anna lächelt gerührt.

RALF (CONT'D): Anna, wenn ich noch mal die Wahl hätte ... ich würde alles dafür geben, mein Leben mit der schönsten, klügsten und warmherzigsten Frau der Welt verbringen zu dürfen ... Ich hoffe für dich, dass dein Freund erkennt, was er für ein Glück hat, und falls er das nicht kann, tut mir leid, dann ist er ein Vollidiot ...

Anna sieht Ralf an.

BAR MARIE I/N

Kurz vor Feierabend. Marie sitzt mit einem Typen an einem Tischchen. Sie unterhalten sich angeregt. Der Typ bezahlt gerade die Rechnung.

MARIE: Das Problem is doch, dass Frauen und Männer nicht zu-einander passen ...

TYP: Ja, weil Frauen einen immer verändern wollen. Wir sind Jäger und Sammler, wir brauchen unsere Freiheit ...

MARIE: Tja, mein Reden! Ich brauch auch meine Freiheit.

TYP: Du bist so anders ...

MARIE: Das hör ich oft ... Ich bin mit Jungs aufgewachsen ... ich komm mit Frauen nicht klar ... diese Stutenbeißerei macht mich fertig ... Frauen können so gemein zueinander sein ...

Marie entdeckt Ludo an der Bar.

TYP: Nehmen wir noch 'n Kaffee bei mir?

MARIE: Wart mal kurz ...

Schwupps, Marie ist weg. Ludo sitzt an der Bar und ist schon schwer angeschlagen. Marie setzt sich neben ihn.

MARIE (CONT'D): Hey, Ludo! Bist du auch alleine hier?

Ludo schaut Marie an.

WOHNUNG ANNA LUDO I/N

Die Kamera fährt langsam über den Schlafzimmerboden, überall liegen Klamotten verstreut. Anna liegt wach neben dem schlafenden Ralf und hat ein sehr schlechtes Gewissen. Im Hintergrund läuft leise der Fernseher, die Johannes-B.-Kerner-Show.

INTERCUT MIT:
WOHNUNG MARIE I/N

Ludo liegt mit einem sehr schlechten Gewissen neben der schlafenden Marie. Traurig sieht er zum Fernseher. Auch hier läuft die Johannes-B.-Kerner-Show.

EINSPIELER KERNER:

Wladimir Klitschko und Yvonne Catterfeld im Studio bei Kerner.

WLADIMIR KLITSCHKO: ... Natürlich gibt es immer wieder mal Angebote von Frauen, aber das interessiert mich nicht mehr.

JOHANNES B. KERNER: Warum? Was hat sich für dich verändert?

WLADIMIR KLITSCHKO: Das kann ich ganz einfach beantworten, Johannes ... Seit ich mich in Yvonne verliebt habe: alles. Ich weiß, dass es viele tolle Frauen auf der Welt gibt, aber Yvonne ist die Liebe meines Lebens. Das ist ein großer Unterschied! Wenn man einen Menschen trifft, dem man sein Herz öffnen kann, wird alles andere unwichtig. Die wahre Liebe finden, das ist der Sinn des Lebens ...

YVONNE CATTERFELD (GRINST): Und ich kann bestätigen, dass er ziemlich viel gesucht hat ...

WLADIMIR KLITSCHKO (WITZELT): Man muss schließlich erst mal

Erfahrungen sammeln, um zu wissen, wer passt ... Probieren geht über Studieren ...

JOHANNES B. KERNER: Yvonne, wie ist das bei dir? Ist Wladimir die Liebe deines Lebens?

YVONNE CATTERFELD: Ja. Als sich dieser riesengroße Mann damals bei der »Goldenen Kamera« zu mir hinuntergebeugt und mich angelächelt hat, wusste ich sofort, da passiert etwas mit mir ...

WLADIMIR KLITSCHKO: Sie hatte sehr große Schmerzen. Ich stand auf ihrem Fuß ...
    Sie lachen.

YVONNE CATTERFELD: Stimmt ... und dieser Mann hat Schuhgröße 48! Aber alles, was danach kam, die schönen, aber auch die schwierigen Momente, haben mir gezeigt, dass ich auf diesen Mann nie wieder verzichten will! In einer Beziehung tut der andere eben auch manchmal Dinge, die einem nicht gefallen. Aber wenn man jemanden liebt, dann darf man niemals aufgeben. Und wenn man das mal verstanden hat, gibt es keine andere Möglichkeit, als in jeder Situation mit aller Kraft um die Liebe zu kämpfen!
    Sie lächeln sich an.

WLADIMIR KLITSCHKO (LÄCHELT): Du siehst, Johannes, ich habe eine sehr kluge und weise Frau geheiratet! Aber sie hat recht: An einer Beziehung muss man immer arbeiten, egal wie schwer es ist ...

YVONNE CATTERFELD (GRINST): Ich erinner dich nächstes Mal dran, wenn du deine verschwitzten Boxklamotten nicht vom Sofa räumen willst ...
    Anna steht leise auf, nimmt ihr Handy und geht aufs Klo.
    Sie macht die Tür zu, setzt sich auf die Toilette und wählt Ludos Nummer.

Ludos Handy vibriert. Auf dem Display erscheint Anna. Ludo nimmt das Handy und schleicht sich aufs Klo. Er nimmt das Gespräch an.

LUDO: Hallo?

ANNA: Ludo ... Wie geht's dir?
Ludo schließt die Tür und setzt sich aufs Klo.

LUDO: Hhm ... beschissen wär geprahlt ... Wie geht's dir?

ANNA: Auch echt nich gut ...

LUDO: Hhm ...
Pause.

ANNA: Bist du noch sauer?

LUDO: Nee ...
Pause.

ANNA: Wo bist'n?

LUDO: Auf'm Klo.

ANNA: Echt? Ich auch ...
Eine weitere Pause.

ANNA (CONT'D): Bist du bei Herb?

LUDO: Nee ...

ANNA: Hhm ...

LUDO: Anna ... ich bin müde ... ich muss jetzt schlafen ...

ANNA: Ja klar ... ich auch ... also dann ... gute Nacht ...
Ludo sagt nichts. Er hat ein verdammt schlechtes Gewissen.

ANNA (CONT'D): Ludo?

LUDO: Können wir uns morgen sehn?

ANNA: Ich glaub, das wär gut ...

LUDO: Morgen Abend beim Italiener? Um acht?

ANNA: Gut ... (LEISE) Schlaf schön ...

LUDO: Du auch ...
Er legt auf. Er bleibt auf dem Klo sitzen und denkt nach.

ITALIENISCHES RESTAURANT I / N
Anna sitzt alleine im Restaurant und wartet auf Ludo. Eine Kerze steht auf dem Tisch. Anna sieht traurig aus. Ein Moment vergeht. Die Tür öffnet sich, und Ludo kommt herein.

LUDO: Bist du schon lange da?

ANNA: Nee, kein Problem ...
Pause.

LUDO: Gut siehst du aus ...

ANNA: Du auch ...

LUDO: Anna, ich muss dir was sagen ...

ANNA: Ich hab viel nachgedacht, die letzten Tage ...

LUDO: Ich auch ... und zwar ...

ANNA: Glaubst du, wenn man sich wirklich liebt, dann kann man sich auch sehr schlimme Fehler verzeihen? Auch wenn man sich sehr verletzt hat?
Ludo hält inne.

LUDO: Gerade dann sollte man's doch auf jeden Fall probieren, oder ...?

ANNA: Ja, ... das sollte man auf jeden Fall ... jemandem zu verzeihen, der einen verletzt hat, kann auch ein schönes Gefühl sein ...

LUDO: Das glaube ich auch ... vielleicht ist gerade das wahre Liebe?

ANNA: Ganz bestimmt. Wahre Liebe ist, die Größe zu haben, Fehler zuzugeben, denn erst dadurch beweise ich meinem Partner, welche Sonderstellung er in meinem Leben einnimmt, weil ich bereit bin, mich für ihn völlig zu öffnen.

LUDO: Wichtig ist, dass man sich vertraut, denn dann ist man in der Lage, ehrlich zu sein, ehrlich ist man, wenn man Vertrauen hat, weil man weiß, dass der Partner in der Lage ist, zu verzeihen und die Ehrlichkeit zu honorieren ...

ANNA: Genau, und selbst in der perfektesten Beziehung kann's auch mal passieren, dass man sich vielleicht mal anschreit ... oder mal fies ist, oder mal fremdgeht, oder mal vergisst, die Flaschen wegzubringen?

LUDO: Oder mal ins Handy guckt ...

ANNA: Lebenslange Treue ist doch auch irgendwie ein Ideal, was heutzutage niemand mehr schafft einzuhalten!

LUDO: Also, ich würde dir auf jeden Fall alles verzeihen ... Ehrlich ...

ANNA: Ich dir auch!! Weil ich dich nämlich sehr, sehr liebe!

LUDO: Ich dich auch.
    Pause. Keiner sagt was. Beide nehmen einen Schluck Wein. Ein Moment vergeht. Ludo setzt an, was zu sagen. Er schafft es nicht. Anna setzt auch an, nimmt noch einen Schluck Wein. Stille.

ANNA: Is gut, der Wein ...

LUDO: Ich hab Scheiße gebaut ...

ANNA (SCHNELL): Ich auch!

LUDO: Sag!

ANNA: Du zuerst!

LUDO: Du!

ANNA: Du warst zuerst ...
    Anna nimmt einen großen Schluck.

LUDO: Na gut.
    Pause.

LUDO (CONT'D): Ich ... war gestern bei Marie.
    Anna prustet den Wein über den Tisch und Ludo.

LUDO (CONT'D): Na toll ...

ANNA (ENTSETZT): Hast du mit ihr geschlafen?

LUDO: Ja ...

ANNA (FASSUNGSLOS): Ich glaub, mir wird schlecht! Dass
du auf die reinfällst! »Hallo, ich bin die Marie! Komm, wir gehn
Pferde stehlen ... ich bin gar keine richtige Frau, ich bin nämlich ein
super Kumpel, nur mit Titten vorne dran!!!«

LUDO: Anna, ich war besoffen ... und einsam ... und ich hab's
auch gar nicht gewollt ...

ANNA: Bist du auf 'ner Bananenschale ausgerutscht, oder was?

LUDO: Es war nur ... Sex .... rein, raus, fertig, aus ...

ANNA: Ich kann doch nicht mit jemandem schlafen, für den ich keine Gefühle habe ...

LUDO: Als Mann kann man das.

ANNA: Jetzt kommt die Leier ...

LUDO: Was wolltest du mir eigentlich erzählen, hm?!

ANNA: Wir sind gerade bei dir ...

LUDO: Lass mich raten ... du hast mit Ralf rumgemacht?

ANNA (RUHIG): Nee, ich hab nich mit ihm rumgemacht!

LUDO: Immerhin!

ANNA: Ich hab mit ihm geschlafen!!!
    Ludo steht der Mund offen. Pause.

LUDO: Nee, ne? Mit dem Spacko!? Anna, was stimmt nicht mit dir? Das is der letzte Schleimer ...

ANNA (LÄSSIG): Keine Angst, ... es war nur rein, raus, fertig, aus ... es gibt also keinen Grund für dich, verletzt zu sein ...

LUDO: Das ... das hätt ich nie gedacht von dir ...

ANNA: Wir haben Wein getrunken.

LUDO: Na und?!

ANNA: Ich war besoffen, Ludo ... und einsam ...

LUDO: Das ist doch kein Grund!!

ANNA: Ich weiß ... es war ein Fehler, verzeihst du mir?

LUDO: Du spinnst wohl! So einfach is das nich! Ohhh! Wenn ich nur dran denke, wie dieser Schleimer dich weichgequatscht hat und angefasst ... ohhhh ... ich will gar nich weiterdenken ...
    Ein Mann vom Nebentisch steht auf und meldet sich.

MANN: Könnten Sie vielleicht Ihre Beischlafprobleme zu Hause besprechen?

LUDO (AGGRESSIV): Was willst du? Setz dich sofort wieder hin, oder ich hau dir auf die Nuss!
    Der Mann setzt sich sofort wieder hin. Ludo wendet sich wieder Anna zu.

ANNA: Ludo ... lass uns nach Hause gehn ...

LUDO: Ich hab kein Zuhause mehr ...

ANNA: Meinst du das ernst?
    Ludo schaut Anna traurig an und sagt nichts. Anna schaut Ludo lange an und steht dann auf und geht.

NÄCHTLICHE STRASSE A/N
SZENE GESTRICHEN

KINDERGARTEN/SPIELZIMMER I/T
    Anna sitzt auf einem Stühlchen und guckt traurig nach draußen. Cheyenne-Blue sitzt gegenüber und hat das Zweiohrküken in der Hand.

CHEYENNE-BLUE: Bist du traurig, Anna?

ANNA: Ja ... ein bisschen ...
Cheyenne-Blue guckt sie an.

CHEYENNE-BLUE: Kommt der Ludo wieder?
Anna steigen die Tränen in die Augen.

ANNA: Ich glaub nicht ...

CHEYENNE-BLUE: Dann bin ich auch traurig.

ANNA: Na, komm mal her.
Anna breitet die Arme aus. Cheyenne-Blue klettert auf ihren
Schoß.

ANNA (CONT'D): Du musst nich traurig sein, Cheyenne-Blue.

Wenn du den Ludo ganz doll vermisst, dann kann deine Mama ihn anrufen und er besucht dich ganz bestimmt.

CHEYENNE-BLUE: Vermisst du den Ludo nich?

ANNA: Doch.

CHEYENNE-BLUE: Aber warum willst du ihn denn nicht sehen?

ANNA: Ich würde ihn schon gerne sehen. Ich hab ihn ja noch sehr lieb. Aber im Moment geht das einfach nicht.

CHEYENNE-BLUE: ... Der Ludo hat gesagt, wenn man sich was ganz doll wünscht und wenn man ganz fest dran glaubt, dann passiert das auch!
        Anna streichelt Cheyenne-Blue über den Kopf.

ANNA: Ja ... aber weißt du, manchmal wünschen sich zwei Menschen vielleicht einfach zu viel. Und dann funktioniert das nicht, obwohl es sich beide ganz doll gewünscht haben.
        Cheyenne-Blue überlegt. Sie guckt das Küken an.

CHEYENNE-BLUE: Das is ja wohl totaler Quatsch! Ich hab mir zum Geburtstag auch Seifenblasenmaschine und Rollschuhe und das Bärenbuch gewünscht und meine Mama hat zuerst gesagt, das is viel zu viel, aber dann hab ich alles gekriegt!
        Anna muss lächeln.

ANNA: Das is natürlich 'ne ziemlich schlagende Logik, dagegen komm ich nicht an.

CHEYENNE-BLUE: Ich weiß. Ich bin schlau.
        Sie rutscht von Annas Schoß.

CHEYENNE-BLUE (CONT'D): Ich muss jetzt die Sandburg weiter-
bauen.

ANNA: O. k. ... Ich bleib noch 'n bisschen hier ...
Cheyenne-Blue rennt raus. Anna sitzt traurig da und betrachtet das Küken in ihrer Hand. Sie kriegt glasige Augen. Sie
legt das Küken wieder weg und schaut aus dem Fenster.

MUSIK SETZT EIN
MONTAGE / DIVERSE LOCATIONS
VOICEOVER LUDO SETZT EIN
Währenddessen sehen wir verschiedene Images: Ludo sitzt
in einem Zug und schaut traurig aus dem Fenster. Anna und
Ralf, mit Seesack über der Schulter, verabschieden sich am
Flughafen. Ludo steigt aus dem Zug aus. Ludo auf einer
Fähre. Anna alleine mit den Kindern. Ludo betritt eine kleine
Pension am Meer … Er sitzt vor dem Haus, sieht aufs Meer
und schreibt seinen Brief.
Traurige Anna am Tor vom Kindergarten. Sie läuft durch den
Garten und geht die Post durch. Ein Brief von Ludo. Anna öff-
net ihn im Gehen. Sie liest.

LUDO (V. O.): Liebe Anna, ich schreibe dir diesen Brief aus Łeba,
wo wir vor zwei Jahren unseren ersten und leider einzigen Urlaub
verbracht haben ... bis nach Stettin bin ich mit dem Zug, dann bin
ich getrampt, sogar die Eisenbahnschienen bin ich langgewandert
und den Rest der Reise hab ich mit dem alten Kahn gemacht.
Genauso wie wir damals ...
Wir verfolgen Ludos traurige Reise mit, die sich mischt mit
Erinnerungsbildern aus Annas und Ludos letztem Urlaub.

LUDO (CONT'D): ... und jetzt sitz ich hier am Meer und frag mich,
warum ich mir das alles angetan hab. Damals war ich so unfassbar

glücklich, dass ich nicht wusste, wohin mit all den Schmetterlingen in meinem Bauch, und ich hätte nie gedacht, dass das mit uns so ausgehen würde ... Ich denke an nichts anderes als an dich und an all die Träume, die ich hatte, die sich jetzt nicht mehr erfüllen können, weil ich so ein blöder Idiot war ...

Anna steigen beim Lesen Tränen in die Augen.

LUDO (CONT'D): ... Ich weiß sehr wohl, dass ich dieselbe Scheiße wie du gebaut hab. Warum wer was gemacht hat und ob mit oder ohne Gefühle, ist letztendlich egal. Ich weiß, dass ich dir sehr weh getan hab, und es macht mich unendlich traurig ... Du hast mich gefragt, ob ich dir verzeihe, und ich hab gesagt, so einfach ist das nicht. Es ist aber so einfach, wenn man seinen blöden männlichen Stolz runterschluckt ... Und das tue ich jetzt, und wenn ich das tue, dann bleibt da keine Wut, sondern, sondern nur unendliche Leere und Traurigkeit ... Anna, ich weiß nich mehr, was ich machen soll ...

Ich vermiss dich so sehr. Ich vermiss deinen Geruch, ich vermiss deine Haut, ich vermiss dein Lachen, deine verquollenen Augen, wenn du morgens aufwachst. Ich wollte doch so gerne eine kleine Anna von dir haben. Oder am liebsten fünf. Ich weiß, dass ich oft unaufmerksam war. Aber nicht, weil ich dich nicht mehr geliebt habe, sondern, sondern weil ich so blöd war zu glauben, dass wir sowieso immer zusammenbleiben werden. Anna, ich will nicht auf einer Eisscholle ausgesetzt werden. Ich will in Würde alt werden. Und ich möchte Enten füttern und zwar am liebsten mit dir.

   Anna muss beim Lesen lachen …

LUDO (CONT'D): Ich weiß, dass ich gegangen bin, aber ich wünsch mir so sehr, dass ich zurückkommen darf ... Ich kann ohne dich nicht sein, Anna!

   Bild geht über in:

STRANDDÜNE A/T

   Ludo sitzt traurig am Meer, er guckt aufs Wasser. Ein kleiner Punkt nähert sich aus der Ferne.

LUDO (V. O.): P. S.: Also, wenn du mich noch mal zurücknehmen solltest, dann, dann dürftest du dir auch die Bein- und auch die Achselhaare so lang wachsen lassen, wie du möchtest. Versprochen! Anna, ich möchte wieder nach Hause kommen ...

   Jemand setzt sich neben ihn.

LUDO (GLÜCKLICH) (CONT'D): ... Anna!!!!

ANNA (RUHIG): Hier, für dich ...

   Anna reicht Ludo ein Geschenk. Er packt es aus. Es ist der Bärchenschlafanzug. Er strahlt.

ANNA (CONT'D): Ich hab noch 'ne Überraschung für dich ...

Sie hebt ihren Arm hoch und offenbart damit einen riesigen Achselhaarbusch.

ANNA (CONT'D): Na, ... gefällt's dir?
Ludo muss grinsen.

LUDO: Sieht sexy aus ...
Anna grinst auch. Mit der anderen Hand entfernt sie den Busch. Er ist nur angeklebt gewesen. Ludo umarmt Anna ungestüm, beide sinken in den Sand und küssen sich. Ludo hält inne.

LUDO (CONT'D): Wer passt jetzt auf die Kinder auf?

ANNA: Miriam. Sie will wieder bei uns anfangen ...
Dann sind wir zu dritt, und du kannst ab und an mal ausschlafen, wenn du dich mal wieder mit Moritz weggeschossen hast ...

159

Ludo sieht Anna an, lächelt.

LUDO: Heißt das, du nimmst mich zurück?

ANNA (GRINST): Nur wenn wir ein nicht ganz so kleines Problem lösen können ...

LUDO: ...? ...

ANNA: Ich will keine kleine Anna ... damit wärst du hoffnungslos überfordert ...
Ludo schaut unsicher.

ANNA (CONT'D): Ich will einen kleinen Ludo ...
Ludo strahlt.

ANNA (CONT'D): Danach können wir gerne über Klein-Anna reden ...
Beide grinsen und gucken aufs Meer. Ludo legt einen Arm um Anna. Anna lehnt sich an ihn.

ANNA (CONT'D): Meinst du, du liebst mich auch noch, wenn ich hundertachtzig bin und mir Hosen mit Gummizug kaufe?

LUDO: Ich liebe dich. Ich liebe dich immer.

ANNA: Ich dich auch.
Sie küssen sich. Die Kamera zieht auf, hoch über die Dünen.

ENDE

BONUSKÜKEN

Ludos Traum –
Introducing: Angelina Gotzlowski

Wow! Ich bin mir immer noch unsicher, ob diese Anna-Gotz-lowski-E-Körbchen-Vision Faszination oder Grusel bei mir aus-löst.

Das Schreiben dieser Szene hat unglaublich viel Spaß ge-macht. Na ja, man setzt sich einfach hin, lässt seine männliche Pornoseite zu Wort kommen und backt sich daraus eine neue Frau: Porno-Gotzlowski!

Ich hätte ja übrigens gedacht, dass es für mich viel schwie-riger sein würde als für Til, so viele billige Männerphantasien

wie möglich zu Papier zu bringen. Erschreckenderweise hatten wir aber dann beide am Ende genau gleich viele schmierige Formulierungen parat. Ich bin zurzeit immer noch dabei, diese überraschende Facette meiner Persönlichkeit zu verdrängen …

Die riesigen E-Körbchen-Brüste sind übrigens eine extrem aufwändige Spezialanfertigung und wurden direkt auf Noras Körper zugeschnitten . Unsere »Brustspezialisten« haben hier absolut detailgetreu gearbeitet. Sogar die exakte Beschaffenheit und der genaue Farbton der Haut wurden am Ende noch angepasst.

Ich finde, das Ergebnis sieht auf eine sehr unheimliche Art und Weise echt aus. Man hat das Gefühl, als wären sie schon immer da gewesen …

Wir hatten bei dieser Szene erst ein bisschen Angst, dass man Ludo vielleicht weniger mag, wenn er solche Phantasien hat. Gleichzeitig wollten wir aber erzählen, dass natürlich jeder ab und an, wenn in einer Beziehung der Alltag eingekehrt ist, solche politisch unkorrekten Träume hat.

So wie der Film erzählt ist, wird ja auch im Laufe der Geschichte klar, dass diese Vision eben nur ein Traum ist und nicht wirklich das, was Ludo sich fürs Leben wünscht. Er will am Ende eben doch »the real Gotzlowski« und nicht ihre Porno-Version.

Es gibt übrigens auch ein Pendant zu dieser Szene, eine Traumvision von Anna, die in den ersten Fassungen des Drehbuchs noch enthalten war. Die Szene ist dann am Schluss noch vor der Drehfassung rausgeflogen. Nicht, weil sie nicht gut war, sondern weil wir es dann doch besser fanden, nur mit einer Traumvision einzusteigen. Ludos Vision war hier definitiv die lustigere von beiden, deshalb hat sie dann am Ende das Rennen gemacht. Annas Traumszene wollen wir euch natürlich nicht vorenthalten. So viel zum Thema »Was Frauen sich heimlich wünschen«!

BLUMENWIESE A/T
Ludo läuft strahlend über eine Wiese, auf die Kamera zu. Er trägt eine Latzhose mit freiem Oberkörper und einen Cowboyhut (à la Schweiger Vanity Fair Cover).

LUDO: Hey, Anna – I love you, Baby!
Die Kamera wandert über seine Bauchmuskeln …

LUDO (CONT'D): Ich weiß, ich seh aus wie ein knallharter Cowboy …
… nah aufs Gesicht.

LUDO (CONT'D): … und trotzdem hab ich kein Problem damit, ganz offen meine Gefühle zu zeigen.
Bäääähähä – ein Baby-Zicklein trabt über die Wiese. Ludo nimmt es hoch und kuschelt das Zicklein an sich.

LUDO (CONT'D): Tja, ich war da mal ganz anders, aber heute kann ich nur drüber lachen, wie unreif ich war … (LACHT) Ich wollte mich nicht fest binden und hab Frauen als Objekte behandelt. Heute bin ich froh, dass die Zeit vorbei ist, in der ich meine Abende mit blutjungen Bikinimodels und schwedischen Austauschstudentinnen verbracht habe. Jetzt mal ehrlich: Was hatten die schon zu bieten? Große Möpse vielleicht und schnellen unkomplizierten Sex … Tss … Heute schäme ich mich dafür, dass ich so oberflächlich war! Und immer diese lächerliche Angst um meine Freiheit … (LÄCHELT) Heute weiß ich's besser: Enge heißt bei mir jetzt nicht mehr Enge! Enge heißt jetzt Nähe! Und Nähe ist schön, wunderschön! So wunderschön und natürlich wie meine Anna … Du bist die perfekteste Frau der Welt, Baby!

> Cowboy-Ludo drückt einen Schmatzer auf die Kamera, tippt sich an den Hut. Im Hintergrund piept ein Wecker. Cowboy-Ludo verschwimmt …

FADE TO: WOHNUNG ANNA LUDO / SCHLAFZIMMER I / T

> Das lächelnde Gesicht von Anna. Schöner Traum. Sie liegt Löffelchen mit Ludo und schläft. Der Wecker piept wieder. Sie gähnt verschlafen und macht den Wecker aus. Ludo grunzt und dreht sich um. Auf seinem Gesicht ein seliges Lächeln. Wir fahren darauf zu. Das Bild verschwimmt wieder, Ludos Schnarchen geht über in …

Das Zweiohrküken entsteht (Szene 6)

Die Zweiohrkükenszene haben Til und ich nicht etwa aus Marketing-Gründen geschrieben, damit sich alle eine goldene Nase an dem süßen Stoffküken verdienen. Nein, mit dieser Szene wollten wir den zweiten Teil mit dem ersten verbinden. Hier erinnern sich Ludo und Anna an die Zeit, in der sie sich verliebt haben, die Zeit, in der alles angefangen hat.

Auch wird schon mal das Thema eingeleitet, das sich durch den Film zieht: Wenn man sich etwas ganz doll wünscht, dann geht das auch in Erfüllung.

Ludo und Anna fügen sich im Laufe der Geschichte alle möglichen Verletzungen zu. Am Ende geht die Beziehung daran kaputt. Wir glauben aber, dass jeder liebende Mensch über sich hinauswachsen kann, wenn er nur will und die Liebe groß genug ist.

Ich glaube, sowohl für Kinder als auch für Erwachsene ist das ein schöner Gedanke.

Hier hatten wir auch wieder einmal Schauspieler-Input: Der Witz mit dem Eichhörnchen stammt von Tils Tochter Emma/Cheyenne-Blue höchstpersönlich. Den hat sie sich irgendwann ausgedacht, ihn Til erzählt und sich kaputtgelacht. Wir haben ihn dann sofort in die Szene eingefügt. Übrigens nicht die einzige Sache, die Emma zu diesem Buch beigesteuert hat. Von mir ist die Idee in der Winterschlaf-Szene auf jeden Fall nicht, dass man schlafenden Leuten auch mal lustig ins Gesicht furzen kann …

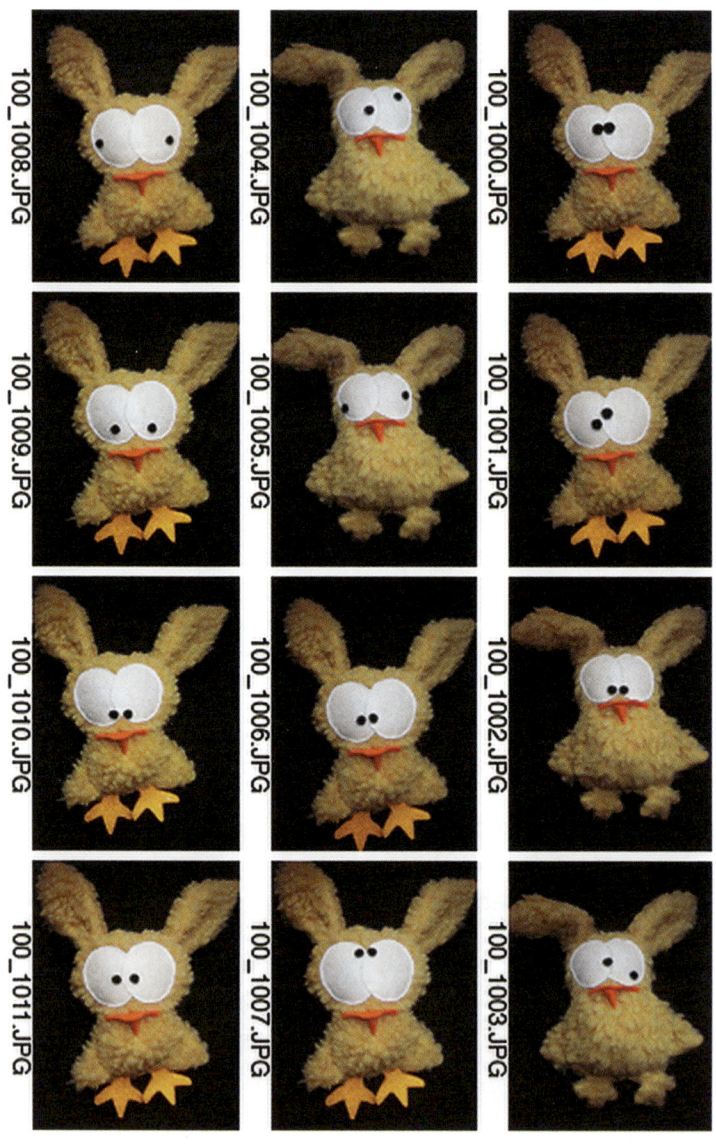

Die verschiedenen »Küken-Augenentwürfe«. Für diejenigen, die schon hektisch rumsuchen: Nein, unser richtiges Küken ist hier noch nicht dabei.

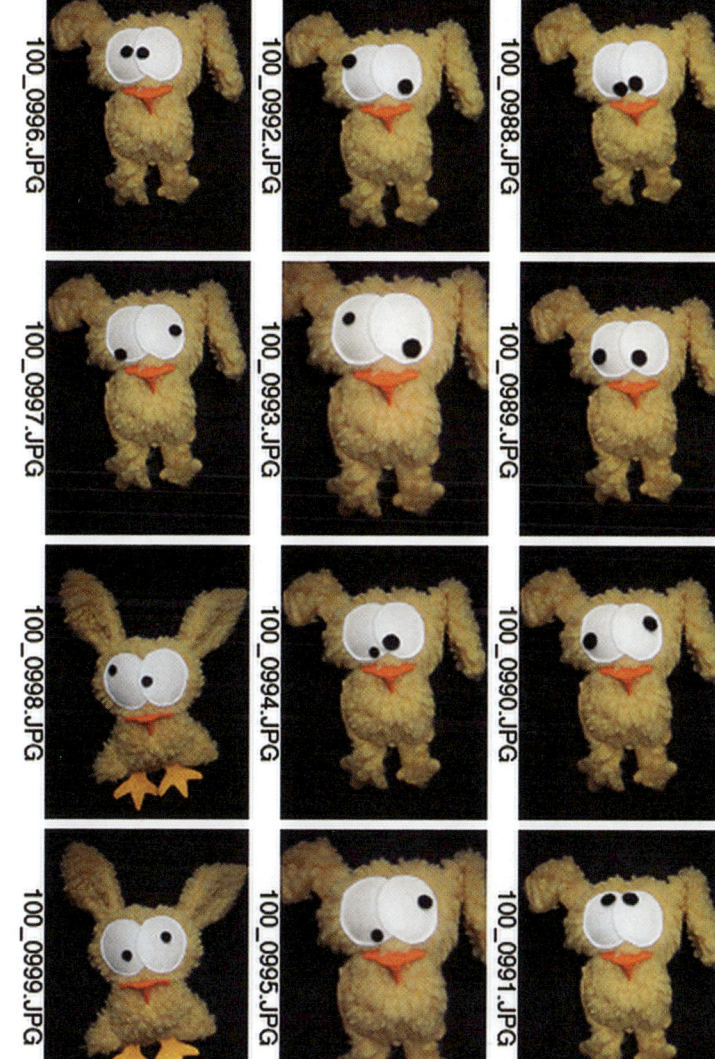

100_0996.JPG

100_0992.JPG

100_0988.JPG

100_0997.JPG

100_0993.JPG

100_0989.JPG

100_0998.JPG

100_0994.JPG

100_0990.JPG

100_0999.JPG

100_0995.JPG

100_0991.JPG

Hier liegt nicht nur Emma auf Til drauf, sondern auch der Monitor, auf dem er als Regisseur den Bildausschnitt checken kann.

Marie – Annas Rivalin
(Szene 9)

Hier taucht zum ersten Mal Ludos Ex-Affäre Marie auf. Die Figur, die wir hier entwickelt haben, ist für mich der schlimmste weibliche Anti-Typ. Marie ist eine echte Stutenbeißerin, wenn sie mit Frauen zusammen ist, sobald aber Männer ins Spiel kommen, ist sie waaaahnsinnig unkompliziert. Sie ist sich auch nicht zu blöd für so unfassbare Plattheiten wie: »Ich weiß gar nicht, was diese Beziehungsgespräche immer sollen? Ich bin mit Jungs aufgewachsen.«

Für Männer entsteht da sofort der Eindruck: Wow! Endlich mal 'ne Frau, die auch keinen Stress will. Das is ja fast zu schön, um wahr zu sein!

Während Ludo noch glaubt, er hätte einfach nur eine lustige alte Freundin von früher wiedergetroffen, spinnt Marie klammheimlich ihre hinterhältige Intrige.

Vor Ludo ist sie immer der wahnsinnig lockere Kumpel, wäh-

rend sie parallel Anna schön ins Aus schießt. Beschwert sich Anna bei Ludo, steht sie selber in der Stutenbeißer-Ecke.

Ganz schön schlau. Marie ist im Grunde genommen eine sehr unsichere Figur, die sich ausschließlich über ihre sexuelle Wirkung definiert. In einer späteren Szene lassen wir daher durchschimmern, dass es ihr doch einen ganz schönen Stich versetzt, wenn Ludo sagt, dass er Anna wirklich liebt.

Im Unterschied zu Anna ist Marie ein wahnsinnig unauthentischer Mensch, der wenig eigene Persönlichkeit besitzt. Ihr Hauptziel ist es, dem anderen Geschlecht zu gefallen, sie ist eine wandelnde Projektionsfläche von allem, was sie für die Sehnsüchte der Männer hält.

Ich finde, sie ist die ideale Rivalin für Anna, die ein sehr ehrlicher Charakter ist und die Kunst der Intrige nicht mal im Ansatz beherrscht und deswegen auch erst mal gegen ihre Nebenbuhlerin verliert.

Marie wird übrigens wunderbar zickig von der österreichischen Schauspielerin Edita Malovcic gespielt, die im wirklichen Leben natürlich ganz anders ist. Klar, sonst hätten wir sie ja nicht so gerne dabeigehabt.

Oh, tut mir leid, bin ich dir auf die Hand getreten? (Szene 14)

Diese Szene hat peinlicherweise einen wahren Hintergrund. Ich bin nämlich wirklich mal in einer ähnlichen Situation einer Frau extra auf die Hand getreten und hab dann blitzschnell so getan, als würde mir das irre irre leidtun. Zu meiner Verteidigung muss ich sagen, dass das eine sehr böse, sehr Marie-artige Frau war. Deswegen kann ich eigentlich nichts dafür. Außerdem ist es schon sehr lange her. Ewig.

Ich bring die Scheißflaschen
gerne weg! (Szene 17)

Hier haben wir wieder einmal eine Szene, in der eigentlich beide recht haben. Natürlich bringt niemand auf der Welt gerne Flaschen weg, aber angelogen werden ist auch nicht besonders schön.

Uns ist aufgefallen, dass es bei Streitereien auf der männlichen Seite sehr oft ausschließlich um den eigentlichen Tatbestand geht, Frauen aber meistens im großen Bogen denken und überall Zusammenhänge sehen. Weniger kompliziert ausgedrückt versteht Ludo hier nicht, warum Anna sich so sehr über die Mehrwegflaschen aufregen kann.

Anna hingegen steigert sich in den Gedanken rein: Wenn der mich schon bei Flaschen anlügt, wo denn dann bitte noch?

Für mich ist das ein sehr typischer Beziehungsstreit. Ich muss auch zugeben, dass ich Annas Reaktion insgeheim sehr logisch finde. Ich weiß aber auch, dass man es einem Partner nicht wirk-

171

lich übelnehmen darf, wenn er der absurden Argumentations-
kette nicht so ganz folgen kann (obwohl sie in meinen Augen natürlich sehr logisch ist).

Til hatte spontan am Set dann noch den Einfall, sich für diese
Szene Annas Bärchenschlafanzug anzuziehen. Eine super Idee,
finde ich.

Anna und ihre Freundinnen
(Szene 19)

Hier kommt noch mal genau raus, wie durchschaubar Maries
Plan ist. Annas Freundinnen kennen ihn alle schon aus Erfahrung.

Für diese Szene haben wir eine ganz großartige Besetzung,
finde ich: Karoline Schuch, Jasmin Gerat und Annika Ernst, die
bei Tils Castingsendung »Mission Hollywood« mitgemacht hat.
Gedreht haben wir das Ganze in einem Beach-Club direkt an
der Spree. Das war zwar ein schönes Motiv, aber auch ziemlich
anstrengend, weil ständig Boote mit winkenden Touristen vor-
beifuhren.

Die Wäscheboutique (Szene 21)

Für die Wäscheboutique-Szene werden Til und ich Nora
Tschirner für immer lieben! Es war toll zu sehen, wie viel Spaß
Nora daran hatte, sich zum Napf zu machen.

Hier kann man auch hervorragend die sogenannte »Tschir-
ner-Schraube« sehen, eine von Nora speziell für die Figur Anna
Gotzlowski entwickelte, sehr merkwürdig aussehende Bewegung. Damit ist die plumpe, ruckartige Drehung gemeint, wenn

Anna von Marie entdeckt wird und sich blitzschnell nach vorne dreht, und zwar mit dem ganzen Körper gleichzeitig.

Den Ausdruck haben wir natürlich nur aus Spaß verwendet, weil wir fanden, dieser unfassbar ungelenke Gotzlowski-Move braucht auf jeden Fall einen Namen.

Überhaupt hat sich Nora für die Rolle der Anna eine komplett andere Körperlichkeit zugelegt, die in jeder kleinen Bewegung zu sehen ist, zum Beispiel auch, wenn sie beim Brillehochschieben ein Doppelkinn macht oder wenn sie beim Rennen mit den Unterarmen wackelt und dabei aussieht wie beim Hundeschwimmen.

Natürlich gehört es bei einem wirklich guten Schauspieler dazu, dass er sich eine ganz eigene Körperlichkeit für seine Rolle erarbeitet. Ich wollte euch aber mal ein Beispiel zeigen, an dem man das sehr gut erkennen kann.

Til und Matthias, aus unserem festen *Keinohrhasen*-Ensemble, haben für ihre Rollen natürlich genau solche typischen Lieblingsbewegungen und -blicke entwickelt. Zu denen kommen wir später noch. Ich finde, wenn man einmal anfängt, auf solche Dinge zu achten, macht das Filmegucken noch mehr Spaß.

Die Flirt-Academy (Szene 26)

Ich habe ja bei der Wäscheboutique-Szene schon das Thema »Typische Bewegungen« angesprochen. Hier, finde ich, kann man sehr schön sehen, was sich Matthias Schweighöfer für seine Rolle als Moritz ausgedacht hat.

Wenn Moritz auf die Bühne zugehen muss, geht er dabei so steifbeinig wie ein Playmobilmännchen. Besonders schön finde ich auch, dass ihm am Anfang erst mal die Stimme wegkippt, als er angesprochen wird.

Til und ich haben für diese Szene im Internet nach Flirttipps

und Sprüchen gesucht und waren extrem fasziniert, auf welchen Blödsinn man da stößt. Die Sprüche, die wir im Film verwendet haben, sind tatsächlich ernstgemeinte Baggervorschläge aus dem Internet.

Hier eine kleine Kostprobe von den schönsten Perlen sogenannter Profi-Flirter:

»Du kommst mir sehr bekannt vor. Könnte es sein, dass du die Frau aus meinen Träumen bist?«

»Du bist nach § 111 verhaftet. Der Grund: Du hast mir den Kopf verdreht. Das Urteil: Ein Date mit mir!«

»Wenn du eine Träne von mir wärst, würde ich nie mehr weinen, aus Angst, dich zu verlieren!«

»Ich glaube, ich muss Gott anrufen und ihm sagen, dass ihm ein Engel fehlt!«

»Wie viel Uhr isses denn? Ich würde unseren Kindern nämlich gerne den genauen Zeitpunkt sagen können, an dem wir uns zum ersten Mal getroffen haben!« (Na gut, der ist ganz lustig.)

»Du musst ein Lichtschalter sein. Jedes Mal, wenn ich dich sehe, machst du mich an!«
Er: »Du siehst meiner vierten Freundin ähnlich.«
Sie: »Oh, wie viele Freundinnen hattest du denn schon?«
Er: »Drei.«

Ganz ehrlich mal: Die Frau will ich sehen, die auf solchen Quatsch anspringt! Außerdem ist es doch genau das Gegenteil von Flirten, wenn sich einer da vorher hinsetzt und Sprüche auswendig lernt. Wenn mir jemand gefällt, brauch ich keinen Kracher-Witz als Einstieg. Von mir aus kann jemand einfach gerne »Hallo« sagen. Das ist mir originell genug.

Ralf ist da! (Szene 27)

Er kam, sah und siegte! Die Rolle des Ralf hat sich der Schauspieler Ken Duken beim Casting im Sturm erobert. Schon bei den ersten Sätzen war er so auf den Punkt, dass die Entscheidung schnell klar war.

Ken Duken kennt man normalerweise aus ernsteren Filmen, bei denen er für seine Darstellerkünste auch schon jede Menge Preise abgeräumt hat. *Zweiohrküken* ist nicht seine erste Komödie, aber auf jeden Fall die erste seit langem. Ken hat uns alle auf jeden Fall sofort mehr als begeistert. Er hat ein unglaubliches Comedy-Timing, und man konnte beim Spielen auch sehen, wie viel Spaß er an der Rolle hatte.

Restlos und für immer und ewig haben wir alle Ken Duken in unser Herz geschlossen, als er an einem Tag sage und schreibe zwölf (!) Kuchen für das Team gebacken hat! Zwölf verschiedene, wohlgemerkt! Er hatte ganz kleine Augen an dem Morgen, weil er die halbe Nacht durchgebacken hatte. Also, wer sich gerne für Filme mit uns bewerben möchte, dem soll hiermit gesagt sein: Die Messlatte liegt hoch, sehr hoch, seit Ken Duken seine Finger im Spiel hatte!

Ralf stellt das männliche Pendant zu Marie dar. Er ist der typische Schleimer und Frauenversteher. Er hört immer aufmerksamer zu als Ludo, er räumt auch besser auf bzw. räumt überhaupt auf, er stellt sich gerne als verständnisvoller Kummerkasten-Onkel zur Verfügung, wenn Ludo mal wieder etwas verbockt hat. Geschickt grätscht er in jedes Gespräch zwischen Anna und Ludo und versteht es mit großem Geschick, am Ende einen Keil zwischen die beiden zu treiben. Leider hat seine Tour bei Anna auch Erfolg, zumindest vorerst … Zu Annas Verteidigung muss man sagen, dass Ludo sich von ihrer Warte aus gesehen aber auch wirklich wie ein Blödmann verhält.

Vielleicht wollt ihr noch ein paar Dinge über unser Casting wissen? Ich versuche mal zu erklären, wie das im Allgemeinen abläuft und speziell bei uns gelaufen ist:

Die Entscheidung, welche Rolle mit welchem Schauspieler besetzt wird, fällt in der Regel ausschließlich der Regisseur. In unserem Fall war das also Til. Doch da Til ein absoluter Team-Mensch ist, durften Nora und ich während aller Castings anwesend sein und unseren Input geben. Das ist sehr ungewöhnlich. In der Regel sind bei einem Casting meistens nur der Regisseur und der Casting Director anwesend und natürlich noch je nach Szene ein Schauspieler, der die Casting-Kandidaten anspielt.

Bei einem großen Kinofilm ist jeder Schauspieler, der zum Casting kommt, handverlesen. Also nix hier mit Aufläufen von Hundertschaften wie bei »Popstars«! Rein vom Ablauf her hatte unser Casting Director Emrah Ertem im Vorfeld also schon für jede noch so kleine Rolle Vorschläge gemacht. In vielen Fällen kamen die Vorschläge auch direkt von Til oder von Nora und mir. Von den vorgeschlagenen Schauspielern hat sich Til dann Demobänder und Fotos angesehen und entschieden, wen er gerne sehen möchte. Mal einfach ausgedrückt: Ausnahmslos alle, die bei unseren Castings waren, sind ganz hervorragende

Schauspieler. Da ging es wirklich nicht mehr um die Frage, ob jemand eine Rolle spielen kann oder nicht, sondern einfach darum, wer am besten passt und mit den anderen Schauspielern harmoniert. Umso schrecklicher ist es dann, dass man nicht alle besetzen kann. Til hat aber bei beiden Filmen versucht, den meisten eine andere, noch nicht besetzte Rolle zu geben.

Da Til auch ganz konzentriert mit unseren Castingkandidaten arbeiten wollte, wurde seine Rolle Ludo streckenweise von anderen Schauspielern angespielt. Unsere beiden Ersatz-Ludos waren eigentlich nur fürs Casting engagiert worden. Beide waren aber so toll, dass Til ihnen eine Rolle gegeben hat. Bei *Keinohrhasen* war das Pasquale Aleardi. Er spielt den Rechtsanwalt von Ludo in der Gerichtsszene. Bei *Zweiohrküken* war das Andreas Guenther, der Maries Date an der Bar spielt.

Vielleicht erwähne ich besser noch, dass sowohl Andreas Guenther als auch Pasquale Aleardi beide erfolgreiche Schau-

Das Geheimnis von Tils Kreativität: der kleine Mann, der ihm hinten aus dem Kopf wächst.

spieler sind, die ihren Lebensunterhalt nicht als Ansprechpartner für Castings verdienen. Das war ein Gefallen für Til und unseren Casting Director.

Rückblickend kann ich nur sagen, dass wir alle viel Spaß bei den Castings hatten. Til hat sich sehr bemüht, jedem Schauspieler eine positive Arbeitsatmosphäre zu schaffen und die Nervosität abzubauen. Das Gefühl in einer Casting-Situation kennt er als Schauspieler ja ganz genau.

Ralfs Doktorarbeit

Man mag es zwar nicht für möglich halten, aber es gibt tatsächlich unzählige wissenschaftliche Abhandlungen über das Thema Intimrasur. Darunter sind auch extrem viele feministische Texte, auf deren Theorien wir Ralfs Monologe aufgebaut haben. Wir staunten wirklich sehr darüber, wie viele Gedanken man sich bereits über die Enthaarung von Frauen gemacht hat und welche Interpretationen es dazu gibt. Am besten waren ein paar extrem wütende Texte, in denen der sichere Untergang der Emanzipation vorausgesagt und jede Frau, die dieses Zeichen der Unterdrückung trägt, als Mittäterin verurteilt wurde.

Wir finden aber trotzdem, dass wahre Emanzipation und Selbstbestimmung wohl dann doch eher im Kopf stattfindet, oder nicht?

Ludos erschreckende Aussicht auf den Eiffelturm (Szene 32)

Wir wollen euch ja nicht die Illusion rauben, aber was ihr in dieser Szene seht, ist nicht Ken Dukens echter Eiffelturm. Es handelt sich hierbei um eine Spezialanfertigung von der gleichen Firma, die auch Noras Brüste gemacht hat.

Dafür musste allerdings erst mal entschieden werden, wie das Ding genau aussehen sollte, damit unser Special-Effects-Team eine Vorlage für das Modell hatte. Keine besonders schöne Aufgabe. Zu einem unserer Meetings brachte unsere unglaublich kreative Kostümbildnerin Gabriela Reumer *Das große Buch der Schwänze* mit. Aus diesem sehr dicken und – ehrlich gesagt – sehr unappetitlichen Bildband sollte nun die Vorlage ausgewählt werden. Ich glaube, niemand von uns erinnert sich wirklich gerne an die freizügigen Fotos von männlichen Nacktmodellen in merkwürdigen »Unten-ohne-Matrosenanzügen«, Cowboykostümen und mit massenweise Körperbehaarung. Welcher Penis jetzt genau das Rennen machte, habe ich verdrängt.

Der deutsche Film (Szene 34–36)

Leider, leider ist diese Szene nicht im Film. Es war zwar immer eine von Tils und meinen absoluten Lieblingsszenen, aber sie ist dem Schneidetisch zum Opfer gefallen. Und zwar nicht, weil die Szene nicht gut gespielt war – ganz im Gegenteil –, sie hat leider einfach den Rhythmus des Films extrem gebremst. Til hat diese Szene wirklich schweren Herzens mit seinem Cutter Constantin herausgeschnitten. Constantin hat übrigens auch schon *Barfuss* für Til geschnitten.

Das Traurigste an der Sache war, dass wir ausgerechnet für diese Szene auch noch drei absolute Spitzenschauspieler hatten gewinnen können: Julia Jentsch, die sich selbst spielt, Christian Ulmen als Regisseur und Steffen Wink als Klugscheißer-Journalisten. Diese Szene kommt aber auf jeden Fall zum Bonusmaterial auf die DVD. Das ist zwar nur ein schwacher Trost, aber immerhin.

Zum Schreiben dieser Szene haben Til und ich echte Filmkriti-ken und Interviews als Vorlage benutzt. Man mag nicht glauben, wie da teilweise rumgeschwafelt wird. Wie jemand ernsthaft stolz auf die antinarrative Erzählstruktur eines Films sein kann, ist uns persönlich immer noch ein Rätsel. Klingt das nicht irgendwie nach einem Schneider, der stolz auf eine mit Absicht verdammt mies geschnittene Hose ist? Naja gut, aus Dingen, die man nicht versteht, hält man sich lieber raus. Wir machen dann einfach eine lustige Szene draus.

Vielen Dank an dieser Stelle noch mal an Julia Jentsch, Chris-tian Ulmen und Steffen Wink dafür, dass sie mitgemacht und so phantastisch gespielt haben!

Moritz in Schwierigkeiten (Szene 44)

Hier nur eine ganz kurze Anmerkung der Autoren: Niemand, aber auch wirklich niemand kann so anmutig auf einer Toilette sitzen wie Matthias Schweighöfer!

Die Grundidee für die Geschichte mit der Tüte wurde uns übrigens von einem *Keinohrhasen*-Fan zugeschickt! Vielen Dank dafür! Wir werden beim nächsten Film sicher wieder einen Auf-ruf an euch alle starten. Eine Belohnung für solch lustige Ideen gibt es natürlich auf jeden Fall.

Der Faltenhund (Szene 46)

Diese Szene ist auch gedreht worden und dann im Schnitt raus-geflogen. Sie hat leider den Verlauf der Geschichte sehr gebremst. So ist das eben: Alles, was das Erzähltempo bzw. die Spannung bremst, muss letztlich raus. Für Til und seinen Cutter waren

das teilweise keine leichten Entscheidungen, weil man ja natürlich an jeder, aber auch wirklich jeder gedrehten Szene hängt.

Ludo und Moritz auf dem Dach
(Szene 49–56)

Die Idee für den Ablauf dieser spektakulären Stuntsequenz von
Ludo und Moritz auf dem Dach inklusive des Ritts auf der Satellitenschüssel stammt von unseren beiden Co-Regisseuren Torsten Künstler und Christof Wahl (der auch unser Kameramann
ist). Die Dialoge und einen ungefähren Ablauf hatten Til und
ich uns schon vorher ausgedacht, aber es fehlte da noch der ge-
niale Actionkick.

Torsten und Christof kamen dann mit einem wirklich genia-
len Storyboard um die Ecke! Wir haben sofort alle Dialoge angepasst und sehr, sehr doll gehofft, dass das Budget dafür reicht.

Co-Regisseur und Kameramann Christof Wahl bei der Arbeit – niemals
ohne Kappe.

Storyboard Zweiohrküken
von Raymond Boy

PLING!!
PLOCK!!

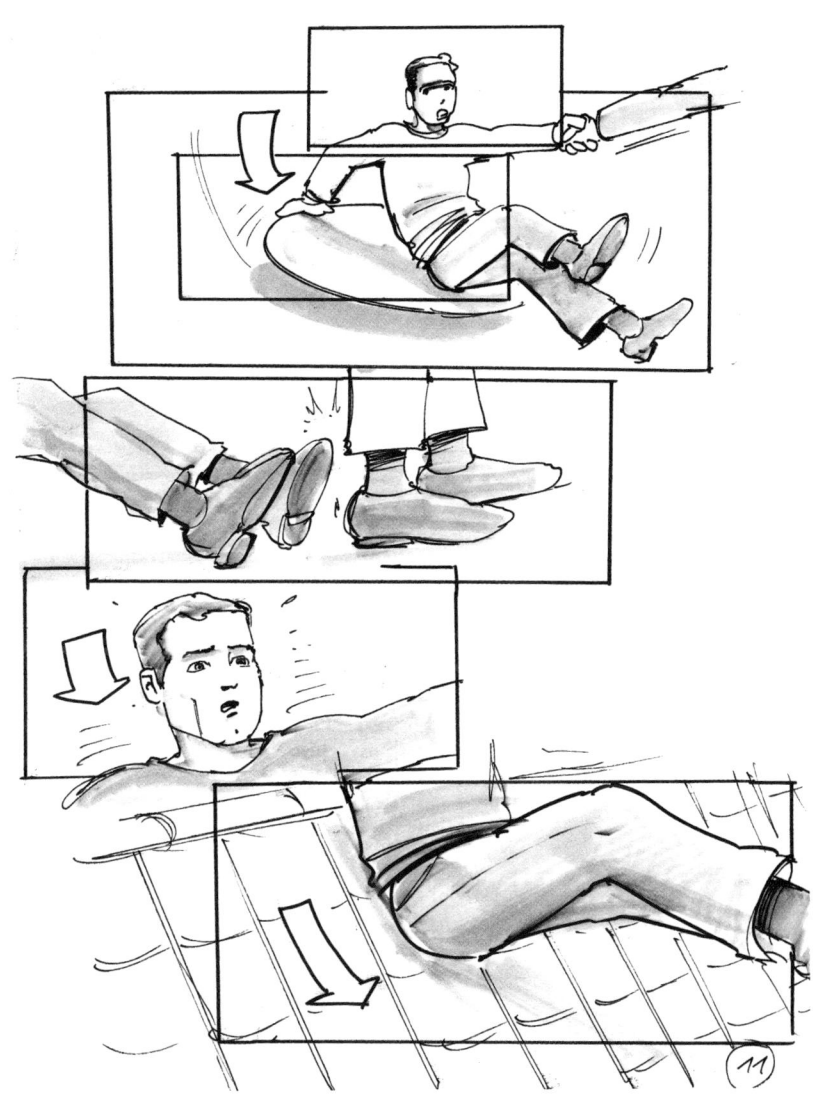

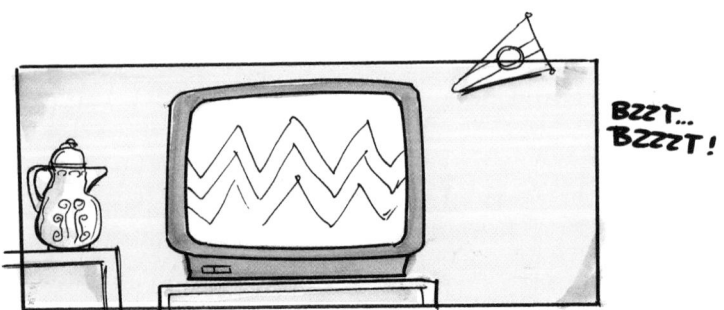

BZZT...
BZZZT!

KALÖNK!

ZISCH!!!

FLiPS
MAXi

14

KRASH!!

: RUTSCH AB :

(18)

: RUDER :

: SCHMIER AB :

(: SCHLUCK :)

SAUS !

KRAACKS!

LUDO PACKT DAS SEIL, DA REISST DIE DACHRINNE
UND ER FÄLLT, DAS KABEL ROLLT NACH....

: SAUS! :

21

194

KLÖNG!

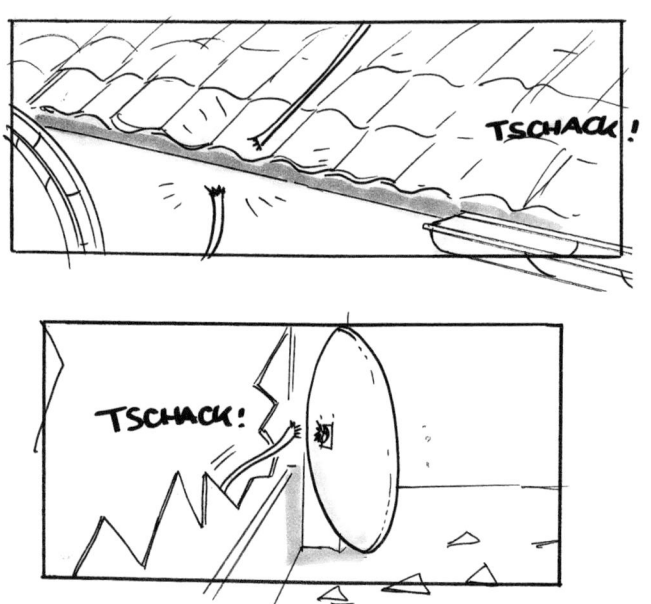

Diese Sequenz war nämlich eine extrem teure Angelegenheit. In solchen Fällen muss der Regisseur gemeinsam mit dem Herstellungsleiter und dem Produzenten überlegen, ob eine Sache den Film so sehr aufwertet, dass sich die Ausgabe lohnt. In diesem Fall fiel die Entscheidung glücklicherweise zugunsten Christofs und Torstens Idee.

Obwohl Til bei seinem Film selbst auch Produzent ist, heißt das nicht, dass er die Kohle nach Lust und Laune rausschleudern kann. Seine eigene Produktionsfirma ist kein Riesenunternehmen und könnte große Verluste kaum verkraften. Der zweite Produzent in Tils Firma heißt Tom Zickler. Tom und Til haben schon mehrere erfolgreiche Filme zusammen gemacht und kennen sich seit vielen Jahren. Tom ist übrigens dieses Jahr zu einem der zehn begehrtesten Junggesellen von Berlin gewählt worden! Also, falls sich da die ein oder andere Dame ins Rennen begeben möchte … Go! (Wahrscheinlich reißt er aber viel eher Til und mir den Kopf dafür ab, dass wir das hier reingeschrieben haben.)

Die Rumbumskartoffeln

Hier sind wir uns absolut einig: Im ganzen Film funktioniert diese Szene in Bezug auf Tempo und Dialoge am besten. Das haben wir schon am Set beim Drehen gemerkt. Alles ging glatt durch, keine großen Längen, die Spannung steigert sich stetig und entlädt sich mit einem Knall.

Gemeinsames Lieblingswort von uns beiden: Rumbumskartoffeln.

Gemeinsamer Lieblingsmoment: Wenn Ludo wie ein Fünfjähriger auf Ralf zeigt und sagt »Er hat angefangen!«

Ginger

An den Ginger-Drehtagen hatte man das Gefühl, dass Til sich mit seinem neuen Erscheinungsbild nicht wirklich unwohl fühlte. Gut, sobald die Kamera aus war, lief er immer wie ein Bauarbeiter, sonst hätte man ihn auch tatsächlich für eine Frau halten können … Seine Maskenbildnerin hat echt ziemlich gute Arbeit geleistet!

Natürlich gibt es für so große Veränderungen an einem Schauspieler, genau wie bei der Szene mit Jürgen Vogel aus *Keinohrhasen*, immer vor dem Dreh noch eine Masken- und Kostümprobe. Da wird dann rumprobiert und geschminkt, gegebenenfalls eine Perücke angepasst, so lange, bis das Gesamtbild stimmt.

Als ich Til zum ersten Mal als Ginger sah, hab ich gesagt: Du siehst aus wie 'ne Schlampe! Darüber hat er sich ziemlich gefreut und mir seinen sexy Frauengang vorgeführt. Mein Bruder war mal zu Besuch am Set, und Til zeigte ihm ein Foto von »Ginger«. Mein Bruder rief sofort: »Wow! Wer is 'n das? Die is ja hübsch!«

Als Til ihm dann sagte, wer da wirklich auf dem Foto zu sehen ist, war's meinem Bruder dann doch ein bisschen peinlich.

Unsere Setfotografin Anne Wilk hatte aber auch wirklich ein paar richtige Beauty-Shots von Til gemacht, auf denen er wirklich sehr hinreißend und verführerisch aussah. Ein Setfotograf ist übrigens dafür zuständig, alle wichtigen Szenenausschnitte noch mal als Foto festzuhalten. Das sind dann die Bilder, die ihr im Kinoschaukasten oder in Zeitschriften seht. In unserem Fall hatten wir die Luxusvariante eines Setfotografen am Start. Anne Wilk macht nämlich sonst eigentlich eher Mode- und Personalityfotografie in Hochglanzformat.

Sie war auf jeden Fall sehr zufrieden mit ihrem Model Ginger und ein großer Fan von Tils verführerischen Augenaufschlägen. Ich finde trotzdem, dass er aussieht wie eine Schlampe. Und nicht nur so aussieht. Hat er sich doch direkt am ersten Abend von Heiner Lauterbach abschleppen lassen!

Disco mit Ginger und Fred

In den Discoszenen kann man übrigens nicht nur Heiner Lauterbach im Hasenkostüm sehen, sondern auch noch ein weiteres Highlight: Der Mann an den Platten ist der weltberühmte DJ Paul van Dyk, der netterweise auch noch die Musik für diese Szenen gemacht hat.

Kasperletheater (Szene 82)

Ich hoffe, das ist der erste Beziehungsstreit in einem Film, der über zwei Kasperlepuppen ausgetragen wird. Die beiden Puppen sind extra für den Film gemacht worden und werden von zwei professionellen Puppenspielern bewegt. In einer früheren Szene im Film gibt es außerdem eine weitere Kasperletheater-Szene mit Ralf.

Am Set funktioniert das Drehen mit den Puppen so: Die Puppenspieler gehen hinter dem Theater in Deckung und führen synchron Hand- und Mundbewegungen der Puppe aus, während der jeweilige Schauspieler spielt. Das musste alles exakt getimt sein, damit es dann am Ende so aussieht, als würden die Puppen selber sprechen. Wir finden, das hat alles gut geklappt. Der Fuchs sieht, wenn er von Ralf gespielt wird, wirklich aus wie ein elender Klugscheißer. Bei der Streitszene haben Fuchs und Krokodil richtige Anna- und Ludo-Blicke drauf.

Der Restaurant-Streit (Szene 88)

Diese Szene ist eine der längsten im ganzen Buch. Rein schauspielerisch gesehen finde ich sie die beste Szene im ganzen Film. Ständig wechseln die Stimmungen von Ludo und Anna, beide haben ein Geheimnis und versuchen erst mal beim anderen abzutasten, was denn wäre, wenn … Da mussten Til und Nora unheimlich viel Subtext und Emotion einbringen. Die Szene sollte lustige Momente haben, endet aber sehr, sehr traurig. Mit der endgültigen Trennung eben.

Obwohl die Szene so viel Zeit in Anspruch nimmt, finde ich sie keine Sekunde langweilig. Normalerweise kriegt man als Autor bei einer langen Szene sofort gesagt: Kürzen, kürzen, kürzen! Wir sind dann doch letztendlich unserem Bauchgefühl nachgegangen, haben die volle Länge beibehalten. Am Set haben wir sie sogar noch ein bisschen länger gemacht als im Buch. Nora, Til und ich haben uns morgens im Maskenwagen getroffen und dann die letzten Sätze dazu improvisiert.

Das wunderschöne Motiv ist übrigens der Berliner »Rodeo Club«. Hier hat unsere Ausstattung wieder hundertfünfzig Prozent gegeben. Der Kuppelsaal wurde mit Hunderten von Kerzen ausgeschmückt und wunderschön hergerichtet.

Das Lied, das auf der Szene liegt, ist wieder von der Band One Republic und heißt »Secrets«. Wir hatten ja schon im ersten Teil ihren Hit »Apologize« verwendet, den Timbaland produziert hat. Til hat mit der Band Kontakt gehalten und deswegen auch beim zweiten Film ihre noch unveröffentlichte Musik zum »Vorhören« bekommen. In das Lied »Secrets« hat er sich sofort verliebt, genau wie damals in »Apologize«.

Musik und Til ist sowieso so ein Thema … Schon Wochen vor Drehbeginn stapeln sich bei ihm Kisten mit CDs, die teilweise schon auf dem Markt sind, teilweise aber noch unveröffentlicht. Eigentlich könnte Til genauso gut als Hit-Orakel arbeiten. Bei »Apologize« hat er in die noch unveröffentlichte CD reingehört und sofort gesagt: Das wird ein Hit! Ganz sicher. Genauso war's dann auch.

Til liebt Musik und findet, dass die genaue Auswahl für die einzelnen Szenen einem Film eine große Kraft verleihen kann und die schon angelegte Emotionalität noch mal unglaublich stützt. Manchmal wird dann im Schneideraum tagelang an einer einzigen Szene gebastelt, um eine stimmige Einheit mit der Musik hinzukriegen. Ich finde auch, dass die Musik ein unglaublich wichtiger, aber leider oft unterschätzter Teil eines Films ist.

Allerdings ist Filmmusik teuer. Wenn man einen Song von einem berühmten Interpreten haben will, muss man teilweise sehr tief in die Tasche greifen. Für eine deutsche Filmproduktion ist das oft unerschwinglich bzw. unmöglich.

Aber manchmal lohnt es sich zu kämpfen! Als Til »Apologize« unter die Teppich-Szene bei *Keinohrhasen* gelegt hatte, hörte er als Erstes: Keine Chance! Timbaland gibt keine Musik frei für Filme!

Aber Til ließ nicht locker. Der Song passte so gut auf die Szene auf dem roten Teppich, dass er ihn unbedingt haben wollte. Der Zufall wollte es, dass Timbaland nach Berlin kommen sollte. Also wurde kurzerhand ein Treffen bei Universal Music organisiert, und Til kam mit dem Film im Gepäck. Er hoffte, dass er Timbaland den Film zeigen dürfte, so dass wir vielleicht doch noch eine Chance haben würden, den Song zu verwenden. Er erzählte, dass er während der Vorführung der

Is doch immer schön, wenn Kinder große Sachen basteln.

Szene dauernd auf Timbalands Nacken gestarrt und versucht, sich vorzustellen, was sich wohl auf seinem Gesicht abspielt.

Und wir hatten Glück: Timbaland und seine Frau hatten Gänsehaut beim Gucken, und wir durften den Song verwenden.

Tja, wie sagt doch das Zweiohrküken immer: Wenn man sich etwas richtig doll wünscht …

Filmmusik ist übrigens immer eine Mischung aus gekauften und extra für den Film komponierten Titeln. Unser Komponist bei *Keinohrhasen* und *Zweiohrküken* heißt Dirk Reichhardt. Er hat unter anderem auch das wunderschöne Klavierthema vom ersten Teil komponiert. Dirk Reichhardt sagt von sich selbst, dass seine Komponistenseite eigentlich eine Frau ist und er deswegen so gut emotionale Musik machen kann. Zum Glück lässt sich im Alltag bei Dirk keine besorgniserregende Persönlichkeitsspaltung feststellen.

Putzi

Jeder denkt immer, weil ich eine Frau bin, kann ich bestimmt die ganzen romantischen Texte am besten, während Til die schmutzigen Witze macht. Weit gefehlt, sag ich da nur! Dieser herzzerreißende Brief stammt komplett aus Tils Feder! Ich weiß ja nicht, wie es euch geht, aber mir standen schon ein bisschen die Tränen in den Augen, als ich ihn gelesen habe … Ehrlich gesagt, nicht nur ein bisschen.

Tja, so was macht der Herr Schweiger, wenn er nachts aus dem Schnittraum kommt. Er setzt sich hin und schreibt wunderschöne Ludo-Briefe. Is doch toll, oder?

Motive Zweiohrküken

Für alle, die sich immer schon gefragt haben, wo eigentlich die ganzen Szenen gedreht wurden, haben wir eine kleine Auswahl aus der Motivliste von *Zweiohrküken* zusammengestellt.

Motiv	Drehort
Flirtakademie:	ballsaal-studio, Wriezener Str. 6, 13359 Berlin
Italienisches Restaurant:	Rodeo Club, Auguststr. 5 a, 10117 Berlin-Mitte
Frühstückscafé:	Uferpromenade, Am Monbijoupark, 10117 Berlin-Mitte
Ausflugslokal:	Wirtshaus Schildhorn, Straße am Schildhorn 4 A, 14193 Berlin
Kostümparty + Disco:	Bangaluu, Invalidenstr. 30, 10115 Berlin-Mitte
Wäscheboutique:	Filippa K, Alte Schönhauser Str. 11, 10119 Berlin
Moritz trifft Lana:	Bar am Lützowplatz, Lützowplatz 7, 10785 Berlin-Tiergarten

BONUSHASEN

Keinohrhasen – der Titel

Bis zur letzten Fassung hatten Til und ich eigentlich keinen Titel für den Film. Wir wollten nicht so einen typischen Romantic-Comedy-Titel haben wie *Liebe auf Irrwegen* oder *Und plötzlich Liebe*. Dummerweise fiel uns sehr lange nichts ein. Deswegen hieß das Drehbuch noch drei Monate vor Drehbeginn sinnigerweise einfach *Ein Film*. Nicht dass wir vorhatten, den Film tatsächlich so zu nennen. Wir wollten aber erst dann einen Titel auf das Cover schreiben, wenn uns ein wirklich guter einfiel.

Als wir kurz vor Silvester das Buch fertiggestellt hatten,

schrieb ich Til eine SMS: Wie wär's eigentlich mit Keinohrhasen? Ich fand, es war einfach das lustigste Wort im ganzen
Buch. Es stammt übrigens von Til. Er rief nach meiner SMS
auch sofort begeistert an und sagte: Ja, so heißt unser Film. So
und nicht anders! Leider waren wir mit unserer Begeisterung
erst mal allein auf weiter Flur. Die meisten Leute fanden den
Vorschlag ziemlich abwegig: Keinohrhasen? Das kann sich doch
keiner merken! Das ist doch gar kein richtiges Wort! Unser ein-
ziger Mitstreiter war Willi Geike, der Chef von unserem Verleih
Warner Bros. So waren wir wenigstens drei Leute mit dem gleichen Geschmack.

Ich bilde mit ein, dass unsere Argumente für den Titel so gut
waren, dass am Ende alle total davon überzeugt waren. Wahrscheinlich hatte aber einfach keiner mehr Lust, sich unsere nervigen Vorträge anzuhören. Manchmal, wenn man wirklich von
etwas überzeugt ist, kann sich Penetranz im Leben ja sehr loh-
nen. Dass wir Willi Geike sofort auf unserer Seite hatten, hat

vermutlich auch nicht gerade geschadet. Genau deswegen ist Willi schon so lange und erfolgreich im Geschäft: weil er auf seinen Bauch hört und keine Angst vor Fehlern hat.

Ich bin auf jeden Fall sehr froh, dass der Film am Ende aller Tage nicht *Liebe im Kindergarten* hieß oder noch schlimmer.

You can make it happen! –
Die Jürgen-Vogel-Szene (Szene 1)

Diese Szene habe ich im Prinzip meiner Mutter zu verdanken. Die quengelt nämlich seit Jahren schon rum: »Oh, der Jürgen Vogel ist so ein toller Schauspieler! Aber warum sieht der nur so aus? Warum lässt er sich nicht mal die Zähne machen? Oder ist das vielleicht ein Geldproblem bei dem? Der hat doch so viele Kinder …«

Tja, so kam das. Til und ich finden Jürgen Vogel ja cool, ge-

Jürgen Vogel mit schöner Frisur; links dahinter mein Bruder – ohne Frisur.

nau so, wie er ist, aber ich wollte trotzdem gerne meiner Mutter ihren großen Traum erfüllen: Der Jürgen Vogel mal so, wie sie ihn gerne hätte, frisch gebügelt und mit ordentlichen Zähnen.

Dummerweise war ich Komparsin in dieser Szene. Mein Bruder auch. Wegen mir musste sehr lange gedreht werden. Ich hatte zwar nur zwei Sätze, war damit aber schon überfordert. Meine Hände schwitzten, und ich kriegte plötzlich eine merkwürdige Micky-Maus-Stimme. Til sagte: »Warum redest du so komisch?« Ansonsten kann ich mich noch daran erinnern, dass die einzelnen Takes ziemlich oft abgebrochen werden mussten, weil Til und Matthias die ganze Zeit Lachkrämpfe kriegten angesichts von Jürgen Vogels riesigem J-Lo-Hinterteil.

HOTEL RITZ CARLTON I/T

Pressetermin mit Jürgen Vogel. Stylish protzige Hotelsuite. Für die Presse zurechtgerückte Sitzmöbel, ein Couchtisch. Auf einem großen Sessel sitzt »Das Blatt«-Reporter Ludo (36), mit ernstem Gesicht, gegenüber von Jürgen Vogel, den man jetzt noch nicht sieht. Bildfotograf Moritz (31) sitzt auf dem Sofa und schraubt ein Objektiv auf seine Kamera.

JÜRGEN VOGEL (O. S.): ... ich hab doch immer nur diese Arthouse-Kacke gedreht. Und irgendwelche pseudointellektuellen Berliner Popkultur-Idioten haben sich die Scheiße dann im Kino angeguckt.

Moritz macht das erste Foto – klick.

JÜRGEN VOGEL (O. S.) (CONT'D): Aber tief innen drin war ich todunglücklich dabei. Irgendwann war ich mal wieder bei so 'ner Retrospektive. Da lief zum zwanzigtausendsten Mal »Das Leben ist eine Baustelle«. Ich saß im Kino und hab plötzlich angefangen zu heulen und konnte nicht mehr aufhören ...

Ludo legt einen verständnisvollen Barbara-Walters-Blick auf.

LUDO: Du hattest einen Nervenzusammenbruch. Warum?

JÜRGEN VOGEL (O. S.): Ich hab gemerkt, dass ich die ganze
Zeit an mir vorbeigelebt habe. Und dann hab ich mir gesagt:
Jürgen, scheiß auf den coolen Typen mit der Zahnlücke!
    Wir sehen jetzt zum ersten Mal Jürgen Vogel – rundum
    erneuert: blitzende weiße Jacketkronen, gebügeltes rosa Polo-
    hemd, Khakihose mit Bundfalten, blonde Fönfrisur, Sonnen-
    brille im Haar. Klick – Moritz drückt auf den Auslöser.

JÜRGEN VOGEL (CONT'D): Du kannst viel mehr sein als das!
»You can make it happen!«

LUDO: Du hast die letzten acht Monate in den USA verbracht.
Erzähl uns doch mal was darüber.

JÜRGEN VOGEL: Ich hab da drüben Kurse bei einem sehr bekannten Motivationstrainer belegt. Und der hat mir gezeigt, dass
jeder Mensch seinen Traum wahr machen kann.

LUDO: Du hast dich äußerlich ja sehr verändert …

JÜRGEN VOGEL: Ich hatte jahrelang schlimme Komplexe wegen
meines Aussehens. Und die hab ich ständig versucht, mit Witzen
zu überspielen …

LUDO: Man sagt, dass du dich in Amerika in die Hände eines
berühmten Schönheitschirurgen begeben hast …?

JÜRGEN VOGEL: Jeder Mensch hat doch das Recht, das Beste
aus sich herauszuholen! Hey, it's a free country! Ich hab mir die
Zähne machen lassen, die Wangenknochen schön aufmodelliert,
Haarimplantate und ein bisschen Silikon …

LUDO: Silikon? Wohin?

JÜRGEN VOGEL: Na, Arschimplantate! Die ganzen amerikanischen Stars machen das. Hier, fühl mal! Ist doch der Hammer!
> Jürgen steht auf und zeigt auf seinen neuen, ausladenden J-Lo-Hintern. Moritz' Kamera klickt. Ludo starrt fassungslos auf Jürgens riesiges neues Hinterteil.

LUDO: Sag mal, Jürgen, haben diese Veränderungen vielleicht auch etwas damit zu tun, dass du bald vierzig wirst?

JÜRGEN VOGEL: Ich hab kein Problem mit dem Älterwerden. Guck mich an, ich sah noch nie so gut aus.

LUDO (UNECHT): Hmhm.

JÜRGEN VOGEL: Ich hab endlich kapiert, worum's im Leben wirklich geht.

LUDO: Und worum geht's?

JÜRGEN VOGEL: Mach was aus dir, dann fühlst du dich auch gut! Das klingt jetzt vielleicht oberflächlich, aber es stimmt! Früher hab ich meinen Kindern immer was von inneren Werten vorgepredigt. Aber das is doch alles Quatsch! Wenn das Äußere stimmt, wächst das Innere nach.

LUDO: Und wie würdest du reagieren, wenn deine Kinder sich jetzt auch unters Messer legen?

JÜRGEN VOGEL: Wenn sie dann besser drauf sind? Wieso nicht? Das sind doch nur die Mauern in unseren Köpfen! Um die geht's doch.
> Jürgen Vogel steht auf und geht zum Spiegel.

JÜRGEN VOGEL (CONT'D) (MODERATORENLÄCHELN): **Wenn du dich davon frei machst, kannst du alles erreichen! Reiß die Mauer in deinem Kopf nieder!** (ZEIGT AUF LUDO) **You can make it happen, you can make it real!**

    Jürgen Vogel ist richtig in Fahrt. Er posiert wie ein amerikanischer Cheerleader. Ludo gibt Moritz ein Zeichen. Der geht vor Jürgen Vogel in Position und lässt die Kamera klicken.

JÜRGEN VOGEL (CONT'D): **Lass das Leben dir nicht einfach passieren! Übernimm das Ruder! Denn du bist der Kapitän auf deinem eigenen großen Schiff des Lebens!**

    Ludo und Moritz sehen sich entgeistert an.

Wladimir Klitschkos Heiratsantrag – Ludo fällt durchs Glasdach

Diese Szene war extrem aufwendig. Gedreht wurde sie im Festsaal des Hotel de Rome in Berlin. Als wir die Szene geschrieben haben, wussten wir, dass es sehr schwer werden würde, einen Raum zu finden, der allen Anforderungen genügt. Uns war immer klar: Notfalls müssen wir diese Sequenz umschreiben, falls wir keinen geeigneten Raum finden.

Letzten Endes war es aber doch das erste Drehmotiv, das feststand – und gefunden hat den Raum Til selber. Ich weiß noch, dass wir im Restaurant des Hotels zum Essen waren und eine Drehbuchbesprechung hatten. Til hatte sich den Schlüssel für den Festsaal vom Hotelmanager besorgt, führte mich dann vor eine große Flügeltür, ich musste die Augen zumachen und dann … Tataaaa! Da war sie, unsere perfekte Glaskuppel!

Es war ein wahnsinnig schöner Moment. Wir haben uns so gefreut, dass alles wie von Zauberhand gepasst hat, und waren dann ziemlich aufgekratzt. Ich glaube, der Hotelmanager fand

das nicht so lustig, weil Til dann noch auf das Glasdach rauf-
geklettert ist, um die Location besser sehen zu können. Ich
wollte nicht so gerne mit rauf, weil überall Schilder standen mit
»Achtung! Lebensgefahr! Betreten verboten!« Til fand, dass
man sich auf keinen Fall, von so was beeindrucken lassen sollte:
Das schreiben die doch immer hin. Na gut, ich hab dann auch
ganz schnell eingesehen, dass Lebensgefahr verhältnismäßig
keine große Sache ist, wenn es um einen guten Film geht. Die
Aussicht von oben war bombastisch! Ich konnte die Szene förm-
lich vor mir sehen.

Ganz so einfach war es natürlich nicht. Rechtzeitig vor dem
Drehtag fertigte ein professioneller Storyboarder einen bild-
lichen Ablauf an, ein Storyboard eben. Das sieht zunächst einmal
aus wie ein Comic, in dem die einzelnen Bilder den genauen Ablauf der Szenen festlegen. Der Storyboarder arbeitet natürlich
immer in enger Absprache mit dem Regisseur (Til) und dem Kameramann (Christof Wahl). Bei besonders aufwendigen Szenen

ist diese Vorgehensweise üblich. So kann man die verschiedenen Kameraeinstellungen und Fahrten im Vorfeld besser planen.

Als das Storyboard fertig und abgesegnet war, habe ich dann noch mal unsere Dialogtexte an die einzelnen Bilder angepasst. Das ging ziemlich gut, weil der Storyboarder den Text natürlich auch bei seinen Zeichnungen mit berücksichtigt.

Das Drehen der Szene an sich war eine ziemlich aufwendige Sache. Der gesamte Festsaal musste mit festlichen Tischen, weißen Blumenarrangements und nicht zuletzt mit zahlreichen Komparsen bestückt werden. Das Motiv wurde mit unglaublich viel Liebe zum Detail ausgestattet. Es gab sogar auf jedem Tisch eine Menükarte mit einem Boxhandschuh und einem verschlungenen Mikrophon auf der Vorderseite, als Symbol für die Berufe des Hochzeitspaares.

Der große Moment beim Drehen war auf jeden Fall der Sturz von Ludo. Hierfür hatten wir einen Stuntkoordinator und einen Stuntman am Set. Natürlich fällt im Film niemand wirklich mit seinem Hinterteil durch eine echte Glasscheibe. Der Teil im Glasdach, durch den der Stuntman stürzt, wurde einfach durch sogenanntes Stuntglas ersetzt, das natürlich nicht so hart ist und schön filmtauglich splittert.

Wer jetzt »Stuntman« gelesen und sich dabei gedacht hat, dass Til da in Ruhe Kaffee getrunken und lustig dem Stuntman bei der Arbeit zugeschaut hat, der täuscht sich. Im Film sieht man ja auch

während des Falls sein Gesicht in Großaufnahme. Und wenn man als Regisseur solche Bilder haben will, dann muss man eben als Schauspieler selber ran.

Til wurde dafür an einem Seil ganz nach oben unters Dach gezogen und dann Bungee-Jumping-mäßig fallen gelassen. Viele von den Komparsinnen waren bestimmt ziemlich enttäuscht, dass Til unter dem weißen Bademantel nicht etwa nackt war, sondern einen ziemlich unsexy hautfarbenen Anzug trug. Der Aufprall auf dem Boden wurde dann mit dem Stuntman gedreht. Der nackte Hintern dann wieder mit Til, ohne Stuntman. Hatten die Komparsinnen doch noch was von dem Tag.

Den Heiratsantrag haben wir Wladimir Klitschko direkt auf den Leib geschrieben. Seine Partnerin, Yvonne Catterfeld, hat sich Wladimir Klitschko übrigens höchstpersönlich ausgesucht. Damit lag er auch genau richtig. Die beiden haben für uns als Paar so gut funktioniert, dass wir sie auch in den zweiten Teil eingebaut haben.

Ludo wird verurteilt –
Szene im Gerichtssaal
(Szene 20)

Diese Szene ist eine meiner Lieblingsszenen. Ich liebe die Blicke zwischen der Richterin und Ludo und seinem Anwalt. Schauspielerisch ist das für mich total auf den Punkt.

Eigentlich sind Szenen wie diese in Filmen immer ziemlich langweilig, weil sie dazu dienen, reine Informationen zu liefern. Für *Keinohrhasen* war klar, dass wir eine Szene brauchten, in der Ludo verurteilt wird. Die Gerichtsszene spannt dann den inhaltlichen Bogen und leitet die eigentliche Geschichte ein, weil er in den Kindergarten geschickt wird.

Für den Drehbuchautor sind diese Informationsszenen eher unspektakulär. Hier mussten wir erst mal einen sehr langweiligen mehr oder weniger juristischen Text schreiben, für den sich in der Regel kein Schwein interessiert. Für Til und mich waren das auch immer die Szenen, um die wir uns am meisten gedrückt haben, weil uns das Schreiben so unendlich gelangweilt hat. Und wenn man sich schon selber so langweilt, wie soll's dann erst den Zuschauern gehen? Uns war natürlich klar, dass die Szene noch eine Idee brauchte, zusätzlich zur drögen Info.

Ein richtig gutes Drehbuch sollte sowieso keine einzige reine Erklärszene beinhalten. Am schlimmsten ist das immer bei den schlechten Krimis, wenn der Mörder am Ende mit der Pistole rumsteht und allen noch mal sagt, wie, wann und warum genau er wen erschossen hat. Schrecklich! Til nennt so was immer »Kasperletheater«.

Also war klar, an die Baustelle mussten wir auf jeden Fall noch mal ran, um der Sache noch eine zweite Ebene zu geben. Am besten funktioniert das immer, wenn Figuren eine persönliche Vorgeschichte miteinander und damit eine Haltung zum anderen haben.

In unserem Fall bin ich ziemlich stolz, dass wir irgendwann die Idee hatten, dass die Richterin ja die Exfrau von Ludos Anwalt sein könnte. Das gab der Szene sofort eine viel bessere Dynamik und den nötigen komödiantischen Unterbau. Tja, so ist die anfangs langweiligste Szene im ganzen Buch zum Schluss eine unserer Lieblingsszenen geworden.

GERICHTSSAAL I/T
>   Ludo neben seinem Anwalt. Eine junge blonde Richterin hat den Vorsitz. Sie starrt Ludo und seinen Anwalt böse an und verliest das Urteil. Moritz sitzt im Hintergrund und drückt Ludo die Daumen.

LUDO (ZUM ANWALT): Wieso guckt die mich so böse an?

ANWALT: Sie guckt <u>mich</u> böse an – sie schielt ein wenig.

LUDO: Woher wissen Sie das?

ANWALT: Sie ist meine Exfrau.

LUDO: Das is Ihre Exfrau? Ach du Scheiße ... Aber dann is die doch befangen!

ANWALT: Iwo, wir haben uns im Guten getrennt.

LUDO: Ach ja? Haben Sie gesehen, wie die guckt?!

ANWALT (BERUHIGEND): Die hat schon so bei unserer Hochzeit geguckt ... Das hat nichts zu sagen ...

LUDO: Na, das hoff ich aber ...
>   Die Richterin erhebt sich.

Auf diesem Foto kann man sehr gut erkennen, dass eine extrem gute Konzentrationsfähigkeit und ein stets wacher Blick zum Grundhandwerk eines richtig guten Schauspielers gehören. Matthias Schweighöfer und Til Schweiger sind unbestritten die Meister dieser Disziplin.

RICHTERIN (BOLLERND): **Kommen wir zur Urteilsverkündung!**
    Alle erheben sich.
    Ludo lächelt die Richterin charmant an. Der Gesichtsaus-
    druck der Richterin verändert sich nicht die Bohne. Das
    Lächeln verschwindet aus Ludos Gesicht.

RICHTERIN (RÄUSPERT SICH) (CONT'D): **Das Gericht sieht die Aussage des Angeklagten, sich auf dem Dach des Hotels verirrt zu haben, als unglaubwürdige Schutzbehauptung an. Darüber hinaus haben sich die früheren Verurteilungen des Angeklagten wegen Sachbeschädigung, Belästigung, Verleumdung und Beleidigung in negativer Weise auf das Urteil ausgewirkt.**
    Moritz rollt im Hintergrund mit den Augen.

ANWALT (ZU SICH): **Die Erika – kleinlich war sie schon immer ...**

RICHTERIN: Nach Ansicht des Gerichts lässt das Verhalten des Angeklagten auf eine große persönliche Unreife schließen. Das Gericht möchte deshalb von der von der Staatsanwaltschaft angestrebten Geldstrafe absehen.
Ludo sieht ungläubig zum Anwalt.

ANWALT (LÄCHELT DIE RICHTERIN AN): Bingo, hab ich's doch gesagt ...
Ludo ist erleichtert, grinst. Moritz macht ein Daumen-hoch-Zeichen.

RICHTERIN: Der Angeklagte soll vielmehr die Möglichkeit erhalten, an seiner kümmerlich entwickelten Sozialkompetenz zu arbeiten! Ich verurteile ihn zu acht Monaten Freiheitsentzug.
Ludo reißt entsetzt die Augen auf.

LUDO (ENTSETZT ZU SICH): Ich komm in den Knast?!

ANWALT: Erika! Jetzt lass mal die Kirche im Dorf!
Die Richterin verliert kurz die Fassung. Die geballte Enttäuschung über die gescheiterte Ehe schießt aus ihr heraus.

RICHTERIN (AGGRESSIV): 'n Scheiß lass ich im Dorf!!!
Die Richterin räuspert sich, rückt ihre verrutschte Brille zurecht, fasst sich.

RICHTERIN (CONT'D): Die Freiheitsstrafe wird zur Bewährung ausgesetzt. Als Bewährungsauflage wird ihm auferlegt, 300 soziale Arbeitsstunden abzuleisten – in einer städtischen Kindertagesstätte.

LUDO (NOCH ENTSETZTER ZU SICH): Das kann die doch nicht machen!
Moritz schüttelt ungläubig den Kopf.

RICHTERIN: Verstößt der Angeklagte gegen seine Bewährungsauf-
lagen, wird die Bewährung widerrufen, und die Haftstrafe wird voll-
streckt!!!!

Ludo sackt auf der Anklagebank zusammen.

Bello der Zauberbär und Mucki

Ich kann mich noch gut daran erinnern, wie genervt unsere ganzen Komparsenkinder waren, nachdem sie am Drehtag ungefähr
fünfhunderttausendmal das Bello-Lied mitsingen mussten. Til
war pausenlos damit beschäftigt, die Kinder von neuem für unseren schmissigen Song zu begeistern. Am Anfang hatten sie auch
alle noch Spaß, was mich sowieso schon gewundert hat, weil der
Text sich anhört, als wäre er von einem grenzdebilen Vollidioten
gedichtet worden: »Ich bin der Bi-Ba-Bello, lalalalala …«

Tja, die grenzdebilen Idioten waren aber wir und hatten beim
Texten echt viel Spaß. Til hat da wegen seiner vier Kinder oh-
nehin viel Erfahrung, und ich konnte auf meine Erinnerungen
an frühere Babysitter-Tage zurückgreifen, die mir in Kombina-
tion mit extrem nervigen Kinderkassetten im Gedächtnis geblie-
ben sind. Ich wage mal zu behaupten, dass die meisten Kinder-
lieder in der Regel leider nicht wirklich viel tiefsinniger sind als
unser Bello-Lied.

Da fragt man sich doch eigentlich: Sind Kinder wirklich so
blöd und anspruchslos und mögen Kindermusik deswegen so
gerne, oder sind sie in Wirklichkeit permanent musikalisch frustriert bei dem ganzen Quatsch, den ihnen die Ki-Ka-Kinderhit-
parade anbietet?

KINDERHORT/GARTEN A/T

Eine Tribüne ist im Garten aufgebaut. Die Hortkinder sitzen mit einigen Eltern erwartungsvoll auf ihren Plätzen. Dazwischen, vorfreudig grinsend: Anna und Miriam.

KINDER (RUFEN): Bello! Bello! Bello!

Bello (39), Typ lieber Kinderonkel, kommt im Bärenkostüm und bunten Hosenträgern auf die Bühne.

BELLO: Uiiiih! Das sind aber viele Kinder! Wollen wir mal alle zusammen das Zauberbärenlied singen?

KINDER: Jaaaaaaa!

BELLO: Uiiiih! Aber dafür brauchen wir doch noch den Mucki, meinen Zaubergehilfen aus dem Zauberwald! Sollen wir ihn mal rufen? Muuuuckii!

KINDER: Muckiiiiiiii!!!

    Ludo tritt auf die Bühne. Er hat eine Igelschnauze auf der
    Nase, Regenbogenhosenträger und eine große Regen-
    bogenfliege um den Hals. Wenn Blicke töten könnten …
    Ludo bleibt stumm.

BELLO (AUFMUNTERND): Uihhh! Was bist denn du für ein lustiges
Kerlchen???

LUDO (BÖSE ZU BELLO): Ich bin der Mucki aus dem Zauberwald.

BELLO (LEISE, UNGEDULDIG): Ich weiß das wohl, aber sag's
doch bitte auch den lieben Kindern!

LUDO (GEPRESSTE STIMME): Hallo, Kinder! Ich bin der Mucki aus
dem Zauberwald.

BELLO: Uiiihhh. Wollen wir den Mucki richtig begrüßen? Hallo, Muckiiii!

KINDER: Hallo, Muckiiiii!

LUDO (ZU BELLO): Jetzt mach schon, Flachzange!

BELLO: Uiiiihh, und los geht's mit dem Zauberbärentanz. Und alle machen mit!
Bello stellt einen Kassettenrekorder an und beginnt seinen Tanz. Ludo macht unwillig mit.

BELLO (SINGT) (CONT'D): Ich bin der Bi-Ba-Bello, von ganz weit komm ich her. Und alle Ki-Ka-Kinder nennen mich den Zauberbär! Jajaja ...

BELLO UND KINDER (SINGEN): Bi-Ba-Bello, du toller Zauberbär. Du kannst ja zi-za-zaubern. Das lieben alle sehr. Und alle Ki-Ka-Kinder, die wollen immer mehr ...
Riesenstimmung, glückliche Kinder, Anna und Miriam singen mit.

BELLO UND KINDER (SINGEN) (CONT'D): Zi-Za-Zauberbär, zeig uns doch 'nen Trick. Wir schi-scha-schauen zu und machen alle mit. – Und jetzt wird gezaubert!!!
Bello geht auf Ludo zu und reibt seinen Bauch an seinem. Das ist Ludo eindeutig zu viel. Er schubst ihn grob weg.

LUDO: Pfoten weg, Flachzange!
Ludo reißt sich die Regenbogenfliege ab und geht von der Bühne. Die Kinder gucken erschrocken. Nur Lollo lacht begeistert.

Cheyenne-Blue und Ludo
(Szene 60)

Ich mag diese Szene sehr, weil man zum ersten Mal merkt, dass Ludo Kinder wirklich gerne mag. Wirklich lustig war, dass man beim Drehen das Gefühl hatte, Tils Tochter Emma weiß ganz genau, was sie da sagt über die vielen Männer, die bei ihrer Mutter übernachten. Mit dieser Szene hat auch Til seine Tochter zu Hause gecastet. Danach war sonnenklar, dass sie die Rolle hat.

Das Besondere an Tils Arbeit mit den Kindern ist, dass er es in jeder Szene schafft, sie ganz natürlich spielen zu lassen. In vielen Filmen klingen die Texte von Kindern immer wahnsinnig auswendig gelernt und aufgesagt. Ich glaube, weil Til selber vier Kinder hat, kann er sich extrem gut einfühlen und Kinder an einen Punkt bringen, wo sie wirklich Spaß am Spielen haben. Er hat ein super Gefühl für ihren eigenen Humor und kitzelt dann genau das aus ihnen raus, was in der entsprechenden Szene gebraucht wird.

Der Spruch von Cheyenne-Blue, dass sie ihre Schuhe schon ganz lange hat und damit auf die Welt gekommen ist, stammt zum Beispiel wirklich von Emma.

KINDERHORT/GARDEROBE I/T
Ludo zieht sich die Jacke an. Plötzlich steht Cheyenne-Blue vor ihm. Sie hebt ein paar rosa Cowboystiefel hoch.

CHEYENNE-BLUE: **Kannst du Schuhe anziehen?**

LUDO: **Äh ... Na gut.**
Cheyenne-Blue setzt sich lächelnd auf das Garderobenbänkchen. Ludo zieht ihr die winzigen Stiefel an.

LUDO (CONT'D): Das sind aber schöne Schuhe. Sind die neu?

CHEYENNE-BLUE: Neeee. Die hab ich schon fünf Jahre!

LUDO: Bist du mit denen auf die Welt gekommen?

CHEYENNE-BLUE (LACHT): Du bist lustig!

LUDO: Wie heißt du denn?

CHEYENNE-BLUE: Cheyenne-Blue.

LUDO: Das ist ja ein ungewöhnlicher Name.

CHEYENNE-BLUE: Meine Mama ist Schauspielerin. Und Schauspieler dürfen Kindern keine gewöhnlichen Namen geben.

LUDO: Und dein Papa. Ist der auch Schauspieler?

CHEYENNE-BLUE: Nein. Der ist ein Arschloch.

LUDO: Lass mich raten: Und jetzt hat deine Mama genug von den Männern, stimmt's?

CHEYENNE-BLUE: Meine Mama sagt, von Männern kann man nie genug haben. Die hat jetzt ganz viele neue. Bestimmt hundert oder tausend!

LUDO: Aha. Und wo kriegt sie die alle her?

CHEYENNE-BLUE: Na, aus dem Theater, wo sie arbeitet. Da sucht sie sich einen aus und bringt ihn mit nach Hause.

LUDO: Die klingt aber sehr nett, deine Mama.

CHEYENNE-BLUE: Aber Frühstück kriegen die bei uns nich. Nur ich krieg Frühstück.
    Plötzlich steht Nina (28), Cheyennes Mutter, in der Tür: Schmollmund, kurzer Mini, supersexy.

NINA: Hi, ich bin Nina, Cheyenne-Blues Mutter.

LUDO: Hi ... Ludo.

NINA: Hab schon viel gehört von dir. Meine Tochter ist ja ganz verknallt in dich. Kann ich übrigens gut verstehen ...

LUDO: Ist doch schön, wenn Mütter und Töchter sich so einig sind ...

NINA: Und das so 'n süßer Typ wie du dann auch noch so 'n Kindernarr ist ...

LUDO: Ich glaube ja, eine Gesellschaft ist nur so viel wert wie die

Liebe und Aufmerksamkeit, die sie auch ihren kleinsten Mitbürgern entgegenbringt.

NINA: Wow ...

LUDO: Ich geb schon zu, der Job ist manchmal hart. Aber wenn so ein kleiner Knirps dich dann anlächelt ...

NINA: Also, ich mach so was echt sonst nie. Aber ich würd dich total gerne mal zu uns nach Hause einladen – wenn die Kleine schläft ...
> Nina gibt Ludo ihre Visitenkarte. Beide lächeln sich an. Die Luft knistert. Plötzlich steht Anna im Raum.

NINA (CONT'D): Hi, Anna. Sag mal, wie habt ihr denn dieses Goldstück hier aufgetrieben?
> Ludo lächelt geschmeichelt.

ANNA: Ach, ganz einfach: Sein Bewährungshelfer hat ihn uns zugeteilt, sonst wär das kleine Goldstück nämlich in den Knast gekommen.
> Ludo funkelt Anna sauer an. Nina guckt erschrocken.

NINA: In den Knast? Echt?

Der Unfall (Szene 64)

Am Storyboard zu dieser Szene und den dazu passenden Bildern aus dem Film lässt sich gut erkennen, wie genau ein Stunt Einstellung für Einstellung im Vorfeld geplant wird. Die kreativen Köpfe hierbei sind immer Kameramann und Regisseur, deren Vorstellungen und Ideen der Storyboarder dann umsetzt.

Unfall-Szene Storyboard von Raymond Boy

Stand: 12–03–07

1

2

3

4

5

6

TILT
UP!

"WENN'S DIE POLIZEI NICHT MACHT..."

7

"WAS MAN NICHT HAT..."

8

"MANN PASS DOCH AUF VIERAUGE!"

9

"VIERAUGE?!"

10

11

12

13

14

BAAAM!!

15

16

17

18

"ICH HÄTTE SCHWÖREN KÖNNEN.."

"NA SUPER, DER WAR BRANDNEU!"
"HAST DU KEINE ANDEREN PROBLEME?"

Ich hab Sex und dann bin ich 'n Arsch,
oder ich bin kein Arsch, dann hab ich aber
keinen Sex? (Szene 73–74)

Die Sequenz, in der Anna und Ludo über Affären reden und darüber, wie man sich in Beziehungen zum Deppen macht und , ist
die mit Sicherheit am meisten bearbeitete Szene im Buch. Til

und ich haben sehr oft über diese ganzen Themen diskutiert und sind dabei jedes Mal ein Stückchen weitergekommen.

Es war in mancher Hinsicht nicht leicht, da auch wirklich ehrlich zu sein. Wer gibt schon gerne zu, dass er sich nach dem fünften Mal spätestens immer verknallt (ich)? Til war auch sehr überrascht, welchen neurotischen Quatsch sich manche Frauen (wieder ich) so denken, während eine Sache gerade anläuft.

In einer Hinsicht waren wir uns allerdings sehr einig, nämlich dass man erst mal selber glücklich sein muss, bevor man in eine Beziehung einsteigt. Nichts ist schlimmer, als wenn der Partner ständig erwartet, dass man ihn glücklich macht. Man wird verantwortlich gemacht für etwas, woran man gar keinen Anteil hat.

Beim Schreiben dieser Szene war es wirklich besonders toll, dass wir zwei Autoren ein Mann und eine Frau sind. So konnten wir alle Punkte aus verschiedenen Blickwinkeln durchdiskutieren. Ich kann für meinen Teil auf jeden Fall sagen, dass es interessant war, mal unverblümt die männliche Denkweise mitzube-

kommen. Ich war zum Beispiel echt überrascht, wie wenig sich die meisten Männer denken (Til! Ha!), sobald eine Sache erst mal klar als Affäre abgesteckt ist. Ich hatte da auf mehr mir bekannten neurotischen Quatsch gehofft.

Unser Ziel war hier aber nicht, mit Gewalt irgendwelche Mann-Frau-Klischees zu Papier zu bringen. Ich würde viel eher sagen, wir waren extrem ehrlich zueinander, und diese Ehrlichkeit hat zu den Positionen der Charaktere geführt. Wenn man es genau nimmt, haben wir uns quasi als Gedankengebilde-Testpersonen für Anna und Ludo benutzt. Und eigentlich ging es uns im Schreibverlauf genau wie den beiden in der Szene. Am Anfang fanden wir uns beide gegenseitig echt blöd mit unseren jeweiligen Standpunkten. Ich bin dauernd darauf herumgeritten, dass man Verantwortung für die Gefühle des anderen übernehmen muss. Und Til rief immer wieder: »Hallo? Das ist doch nur 'ne Affäre!!!«

Tja, aber nach diversen Grabenkämpfen mussten wir doch zugeben, dass der jeweils andere auch irgendwie recht hat. Aber wo ist da die Lösung? Ganz einfach: Man setzt sich zusammen hin, schreibt das alles auf und macht eine schöne Szene draus!

Für Til und mich bilden diese Gespräche zwischen Anna und Ludo das eigentliche Herzstück des Films. Auf diesen Gedanken basieren die Figuren, das ist ihre Sicht der Welt. Besonders gerne mag ich im Nachhinein unsere Entscheidung, das Gespräch zwischen beiden versöhnlich enden zu lassen. So ist es uns ja schließlich auch passiert, und genau das würden wir uns im wirklichen Leben auch mehr wünschen: dass man ehrlich zum anderen sein darf, ohne direkt verurteilt zu werden.

Wir hatten durch die Arbeitssituation ja sowieso gar keine andere Wahl. Ich glaube, wir haben aber beide auch als Menschen viel daraus gelernt. Eigentlich sollte man sich doch immer Mühe geben, sein Gegenüber zu verstehen, und erst mal genau zuhören, auch wenn man komplett anderer Meinung ist. Kann ja sein, dass der andere doch nicht so viel Schwachsinn von sich gibt, wie man am Anfang denkt. Wir beziehen alle viel zu selten die Möglichkeit ein, dass vielleicht ja sogar beide recht haben und nicht immer nur einer.

Der tolle Satz mit der »letzten Cola in der Wüste« stammt übrigens von Nora Tschirner. Til und Nora haben morgens beim Proben dieser Szene noch an einigen Dialogteilen gefeilt und ein paar Sachen umgestellt. Ist ihnen ziemlich gut gelungen, finde ich.

EDELFISCHRESTAURANT I/T
Ludo und Anna sitzen in einem edlen Fischrestaurant. Ein Kellner stellt zwei Teller Schickimicki-Essen auf den Tisch. Anna betrachtet ungläubig ihre zwar toll dekorierte, aber extrem winzige Portion.

ANNA: **Wie soll man denn davon satt werden?** (VERSUCHT EINEN WITZ) **Wie fanden Sie ihren Fisch??? ... Durch Zufall!**
Ludo grinst. Anna piekst das Minifischfilet auf.

ANNA (CONT'D): Schwupps, schon weg!
   Ludo grinst.

LUDO: Erzähl weiter ...

ANNA: Also ... Ich mach so das Geschenk auf, und was ist drin? Ein Gutschein für ein Wellnesswochenende auf Mallorca, im Fünfsternehotel. Ich denke, ich bin mit dem tollsten Mann auf der ganzen Welt zusammen ... Er bringt mich abends zum Flughafen, Küsschen links, Küsschen rechts, Trennungsschmerz vom Feinsten ... »Ich weiß nicht, wie ich bis Montag ohne dich überleben soll.« Ich scherz noch ausgelassen rum: »Dusselchen, hast mir doch den Gutschein geschenkt!«
Ich sitz also mit Schmetterlingen im Bauch eine Stunde am Flughafen rum, und der Flug wird gecancelt, ich setz mich ins Taxi, schließ die Wohnungstür auf ... und dann komm ich ins Wohnzimmer, und der bumst meine beste Freundin – auf meiner Fernsehdecke! Ich hab gedacht, ich bin im falschen Film!

LUDO: Das ist hart!

ANNA: Hart? Jetzt kommt's erst: Im Fernseher lief auch noch einer von seinen Pornos! Ich werd nie verstehn, wieso man sich so 'n ... Quatsch reinziehn muss, aber na gut, ich hab ihm das zugestanden, weil ich ihn geliebt hab ... ABER DANN GEHT DER HIN UND FICKT MEINE BESTE FREUNDIN DABEI!!!! AUF MEINER FERNSEHDECKE!
   Die Gäste im Restaurant drehen sich pikiert nach Anna um.

LUDO: Und dann?

ANNA: Und dann? Dann hab ich ihn rausgeschmissen, dann drüber geredet, fast versöhnt, wieder rausgeschmissen, wieder geredet, dann verziehen und dann – ist er gegangen zu ihr und dem Baby ...

Anna schießen die Tränen in die Augen. Sie schluckt. Ludo weiß nicht, was er sagen soll.

ANNA (CONT'D): Ich war immer nur für ihn da … Ich hab mich für ihn zum Depp gemacht … Und er … er war einfach nur … scheiße. (SCHNIEFT) Kann ich deinen Nachtisch haben?
     Ludo schiebt ihr den Nachtisch rüber.

BERLIN 1 A / T
     Ludo und Anna gehen spazieren.

LUDO: Keine Beziehung funktioniert, wenn sich einer für den anderen zum Deppen macht … Entweder der Überlegene verlässt den Deppen, weil er sich zu Tode langweilt und jeden Respekt verliert. Oder der Depp kapiert irgendwann, dass er der Depp ist und dass von ihm selber nichts mehr übrig bleibt – und geht!
Sieh's doch mal so: Im Prinzip hast du was ganz Wichtiges gelernt!

ANNA: Ja, dass Männer scheiße sind und einen unglücklich machen!
     Ludo grinst.

BERLIN 2 A / D
     Zeitsprung. Ludo ist mitten in einem engagierten Monolog. Wahrheiten, mit denen Anna noch nicht hundertprozentig einverstanden ist.

LUDO: … Kein Typ auf der Welt kann dich glücklich machen, wenn du's nicht schon vorher bist! Du musst dich selbst drum kümmern, dass du glücklich wirst. Das ist purer Egoismus, wenn du frustriert zu Hause rumsitzt und von jemand anderem erwartest, dass er dich von morgens bis abends glücklich macht. Außerdem ist das doch normal, dass man auch mal unglücklich ist. Ich lauf doch auch nich den ganzen Tag rum und sag: Das Leben ist geil! Wieso erwarten eigentlich immer alle, dass sie jeden Tag glücklich sind?

ANNA: Das ist ja alles schön und gut, Ludo, aber du hast doch gar keine Ahnung von Beziehungen ... Du bumst doch nur rum!

LUDO: Glaubst du, ich hab noch keine Beziehung gehabt? Deswegen bin ich ja Single, weil es so schwer ist, jemand zu finden, der mit sich selber zufrieden ist und nicht von mir erwartet, dass ich ihn den ganzen Tag glücklich mache ...
   Anna guckt nachdenklich. Hat er recht?

BERLIN 3 A / D / N
   Anna verteidigt engagiert ihre Position.

ANNA: Du willst einfach keine Verantwortung tragen – und du willst rumbumsen ...

LUDO: Warum nicht? Wenn's Spaß macht?

ANNA: Und was ist mit den ganzen Mädels, mit denen du rumbumst? Glaubst du, dass die genauso viel Spaß haben?

LUDO: Da geh ich mal von aus.
   Anna verdreht die Augen.

ANNA: Die sitzen wahrscheinlich mit Liebeskummer zu Hause und sollen sich dann auch noch drüber freuen, dass sie auch mal unglücklich sind?

LUDO: Wie kommst du denn darauf, dass die sich in mich verlieben?

ANNA: Kann doch sein ... Frauen tun das ab und an ...

LUDO: Meine nicht ... Die wissen genau, auf was sie sich einlassen – da werden die Fronten vorher geklärt ...

ANNA: Man kann ja vorher viel klären, aber Dinge ändern sich doch auch manchmal ... Vielleicht kannst du als Frau einmal mit 'nem Typen ins Bett steigen, und da entwickelt sich nichts. One-Night-Stands sind eh wie Sardellenpizza ...

LUDO: Ich liebe Sardellenpizza ...

ANNA: ... aber spätestens beim dritten, vierten, fünften Mal verknallen sich Frauen doch sowieso immer.

LUDO: Ist das so?
    Ludo sieht Anna ungläubig an.

BERLIN 4 A / N
    Anna piekt Ludo entschlossen mit ihrem Zeigefinger in die Brust.

ANNA: ... Und nur, weil du das vorher so toll geklärt hast, heißt das doch nicht, dass das die Freikarte dafür ist, sich wie 'n Arsch zu verhalten und die Verantwortung für die Sache einfach abzugeben!

LUDO: Hä? Ich bin kein Arsch. Also, die Frauen, die das nicht gebacken kriegen, können es doch bleibenlassen ...

ANNA (GRINST): Dann gäb's aber auch keinen Sex mehr für dich.

LUDO: Wie meinst du das?

ANNA: Keine kriegt es gebacken. Die tun nur so …

LUDO (FASST ZUSAMMEN): Also … entweder hab ich Sex und bin ein Arsch – oder ich bin kein Arsch und hab dann keinen Sex?

ANNA (GRINST): Erkannt.

LUDO: Okay, dann bin ich lieber n' Arsch …

ANNA: Das war ja klar …
  Ludo schaut Anna an.

LUDO: Ich will nicht nie wieder Sex haben … Was kann man denn da machen?

ANNA: Wenn ich darauf 'ne Antwort hätte, würde ich auf 'ner goldenen Jacht durchs Mittelmeer kreuzen!
  Anna grinst. Ludo muss auch grinsen.

Die Kotzszene
(Szene 76a)

Wegen dieser Szene haben Til und ich uns gestritten. Til rief von Dreharbeiten an und erzählte mir, dass jemand am Set erzählt habe, dass eine Frau beim Sex auf ihn draufgekotzt hätte. Til sagte sofort: Das schreiben wir rein! Das ist lustig!

Ich fand aber: Das schreiben wir nicht rein! Das ist widerlich! Danach hatten wir einen Streit, weil ich mich weigerte, die Szene mitzuschreiben. Offensichtlich habe ich verloren, denn: Die Szene ist drin … und ich muss gestehen, dass ich sie extrem lustig finde!

244

WOHNUNG MORITZ/SCHLAFZIMMER I/N

Studentenbudenflair. Matratze auf dem Boden. Auf dem
Nachttisch ein gerahmtes Foto von Ludo und Moritz. Sissi
und Moritz beim Sex. Sissi sitzt auf Moritz. Sie ist voll in Fahrt.
Moritz ist im Himmel. Plötzlich verzieht Sissi das Gesicht und
hört auf zu reiten. Moritz guckt sie verdattert an. Was ist los?
Sissi verdreht die Augen. Ihr wird schlecht. Sie übergibt sich
direkt auf Moritz. (Anmerkung der Autoren: Bevor man die
Kotze sieht, wird weggeschnitten.) Close auf Moritz' entsetz-
tes Gesicht.

MORITZ: Neeeeiiiin!!!!

Der Wühler und der Pieker …
(Szene 79)

Ich hoffe sehr, dass wir mit dieser Szene eine Verbesserung der
Sexualität in Deutschland erreicht haben! Ich hoffe zumindest,
dass sich nicht mehr allzu viele Frauen tot stellen müssen. Wenn
man der Logik der Szene folgt, müsste einem klarwerden, zu
welcher Mannschaft der liebe Ludo gehört … Na? Ich verrate
nichts.

Die Wühler-und-Pieker-Szene haben wir aus einer Sex-
kolumne entwickelt, die ich ein Jahr zuvor für ein Magazin geschrieben hatte. Gott sei Dank kam das Magazin nie zustande,
und die Kolumne wurde vorher nie veröffentlicht.

WOHNUNG ANNA/WOHNKÜCHE/FLUR I/N

Anna kommt rein, im Bärchenschlafanzug. Sie tut überrascht,
gähnt demonstrativ.

ANNA: Ludo? Was machst 'n du hier?

LUDO (ZEIGT AUF DEN SCHLAFANZUG): Was isn das?

ANNA (ÜBERSPIELT): Das ist ein niedlicher Schlafanzug mit Bär-
chen drauf.
    Anna setzt sich zu Ludo auf die Couch.

ANNA (ZU LUDO) (CONT'D): Ich trink Ouzo, was machst du so?

MIRIAM: Ludo hatte gerade Sex mit 'ner Frau, und sie ist unter ihm
weggepennt.
    Anna muss grinsen.

ANNA: Nee?

MIRIAM: Doch!

ANNA: Wie? Die is beim Vögeln eingepennt?
Ludo holt tief Luft und will gerade antworten, als Miriam
unterbricht.

MIRIAM: Es war nicht direkt beim Vögeln ... Er hat sie in den Schlaf
geleckt.
Ludo wirft Miriam einen Blick zu.

ANNA: Wie geil ...

MIRIAM (GRINST): Wahrscheinlich hat sie sich tot gestellt ...

LUDO: Hä ...?

MIRIAM: Wie in der Tierwelt. Der Unterlegene stellt sich tot, um
Schlimmeres zu verhindern ...
Miriam und Anna lachen, sie klatschen sich ab.

LUDO: Was ham wir gelacht ...

MIRIAM: Hast du sie gewühlt oder gepiekt?

LUDO: Was?

MIRIAM: Ich glaub, ich muss dir mal was erklären! Es gibt drei
Sorten Männer: die, die es gar nicht machen, die Wühler und die
Pieker ... Die, die es gar nicht machen, wollen, dass Frauen sich
rasieren, haben aber selbst einen Osama am Sack, sie wollen jede
Nacht einen geblasen bekommen und schlafen danach sofort
ein aber: Sie haben einen großen Vorteil: Sie sind ungefährlich für
uns ...
Dann gibt's den Wühler ... Der benimmt sich da unten wie die
Hausfrau am Wühltisch beim Sommerschlussverkauf auf der Suche
nach dem billigsten Schnäppchen. Der Wühler ist nicht lebensbe-

drohlich – eher ärgerlich, besonders wenn er dich die ganze Zeit dabei beobachtet, wie du's findest, weil er gelobt werden will ... ungefähr so ...

> Miriam spielt den Wühler vor. Anna lacht sich kaputt.

MIRIAM (CONT'D): Der Pieker allerdings denkt, er wär der Allergrößte, nur weil er im Gegensatz zum Wühler den Kitzler findet. Er denkt sich so: »Hey, cool – ich kenn mich aus mit Geschlechtsteilen ...« Und dann ist er so stolz, dass er den Kitzler gefunden hat, dass er lospiekt wie ein Irrer ...

LUDO: ... ? ...

> Miriam nimmt sich eine Banane aus dem Obstkorb, hält sie hoch.

MIRIAM: O. k., stell dir vor, das is dein Schwanz ...

> Miriam guckt zwischen der Banane und Ludo hin und her, grinst.

MIRIAM (CONT'D): Nein ...

> Sie bricht die Banane in der Mitte durch und hält nur noch die Hälfte hoch.

MIRIAM (CONT'D): ... das is dein Schwanz.

> Ludo verdreht die Augen. Haha. Miriam hebt einen Kugelschreiber hoch, geht in Angriffsstellung und piekt damit wie wild, immer schneller werdend, auf die Banane ein. Ludo verzieht das Gesicht. Miriam steigert sich rein, lacht sich kaputt.

LUDO: Ahhh! Is ja gut. Ich hab's kapiert!

> Ludo ist eingeschnappt.

MIRIAM: Und eigentlich ist es sooo einfach: Unbedingt drauf achten, was die Frau macht! ... Becken vor: gut! ... Becken zurück: NICHT GUT!!! Und dann auf keinen Fall nachrutschen! Niemals, niemals nachrutschen!!!!

    Anna beobachtet belustigt ihre Freundin und gleichzeitig Ludo, der interessiert zuhört.

MIRIAM (CONT'D): Was glaubt ihr denn? Dass wir mit euch »Fang den Kitzler« spielen wollen? Nein!
    Anna muss lachen.

MIRIAM (CONT'D): Ihr müsst doch nur logisch reagieren ... Bei Computerspielen könnt ihr das doch auch!

    Miriam lehnt sich zurück, schaut grinsend Anna an.

MIRIAM (CONT'D): Wenn das endlich mal einer könnte ... Der müsste nicht mal nett sein.

ANNA (GRINST ZURÜCK): Ludo weiß es ja jetzt schon mal.

MIRIAM: Ja, aber davon haben wir ja nix.

ANNA: Vielleicht erzählt er's ja rum? (ZU LUDO) Kannst du das bitte, bitte rumerzählen?

LUDO (GRINST MIT): 'n Scheiß erzähl ich das rum! Mit dem Wissen werde ich die Welt beherrschen.
    Alle lachen.

Der Keinohrhase wird gebastelt
(Szene 80)

Die Bastelszene ist die erste Szene im Film, in der Anna Ludo wirklich toll findet. Da kündigt sich die zukünftige Verliebtheit der beiden an.

Der erste Entwurf für den Stoffhasen stammt von Til höchstpersönlich. Eigentlich war es gar nicht geplant, den Hasen auch zum Kauf anzubieten. Diese Idee hatte ebenfalls Til, aus einem ziemlich simplen Grund: Als der erste Prototyp unseres Hasen fertig war, wollten wir alle auch so einen haben! Sofort!

Die einfachsten Ideen sind eben meistens die besten. Nach Weihnachten gab es sogar einen Hasen-Verkaufsstopp, weil erst mal wieder genügend hergestellt werden mussten. Lustigerweise war der Hase bei Amazon unter den CDs aufgeführt. Wenn man also zwischen Januar und März bei Amazon die Top Ten der Musikcharts anklickte, war unser schielender Hase auf Platz eins.

KINDERHORT/SPIELZIMMER I/T

Ludo und Anna sitzen mit ein paar Kindern am Basteltisch und schneiden kleine Figuren aus. Ludo ist extrem gut gelaunt. Er summt vor sich hin und macht gerade den letzten Schnitt bei seiner Figur.

LUDO (ZEIGT DIE FIGUR ANNA): Fertig!
Anna sieht Ludos rosa Papphäschen mitleidig an.

ANNA: Der hat ja nich mal Ohren.

LUDO: Na und. Sieht doch trotzdem gut aus.

ANNA: Wenn er keine Ohren hat, ist es kein Hase. Der sieht aus wie 'ne Robbe mit Armen dran.

LUDO: Vielleicht isses 'n behinderter Hase?

ANNA: Vergiss es. Der kommt auf keinen Fall in die Osterdeko. (GRINST) Aber vielleicht können wir den morgen bei der Indianernacht den Göttern opfern?

CHEYENNE-BLUE (AUFGEREGT): Au ja! Verbrennen!
Ludo nimmt Cheyenne-Blue ihr Häschen aus der Hand.

LUDO: Was soll 'n das sein?
Anna reißt Ludo mit einem vorwurfsvollen Blick das Häschen aus der Hand.

ANNA: Das ist ein gaanz süßer Osterhase.

CHEYENNE-BLUE: Der is aber falschrum.

ANNA: Oh ...

Anna dreht den Hasen andersrum. Ludo betrachtet den Hasen genauer.

LUDO: Der hat aber auch keine Ohren.

ANNA: Aber er ist süß ...

CHEYENNE-BLUE: Er ist aber immer noch falschrum!
Anna wendet den Hasen noch einmal. Sie betrachtet ihn verwundert.

LUDO: Ja klar, wenn's 'n Kind gemacht hat, isses süß. Aber wenn man als Mann 'n schönes Häschen ausschneidet, wird einfach nur drauf rumgehackt.

ANNA: Leb damit! Deins hat keine Ohren und das hier ...

LUDO: ... hat auch keine Ohren.

ANNA: Das hier ist ein ... Keinohrhase, der hat keine Ohren, weil er nämlich keine braucht, weil er mit seiner Nase hört ...
Cheyenne-Blues Blick wandert von rechts nach links.

CHEYENNE-BLUE: Der kann mit seiner Nase hören?

LUDO: Also, der Keinohrhase sieht für mich aus wie 'n Hängebauchschwein. (ZU CHEYENNE-BLUE) Das musst du doch zugeben.
Cheyenne-Blue fängt an zu heulen.

CHEYENNE-BLUE: Gar nicht ... Hängebauchschweine können nicht durch die Nase hören ...

ANNA (ZU CHEYENNE-BLUE): Hey, nicht weinen! Das ist ein

ganz, ganz süßes Häschen … Der Ludo ist nur neidisch, weil er nicht basteln kann.

LUDO: Lächerlich. (ZU CHEYENNE-BLUE) Ich finde nur, dass hier unfair gewertet wird!
    Anna schaut Ludo an.

Motive Keinohrhasen

Und auch bei *Keinohrhasen* wollten wir euch die schönsten Drehorte nicht vorenthalten. Zufällig weiß ich aus sicherer Quelle, dass ein Keinohrhasen-Fan an einem Motiv (Geständnis Anna am See) seiner Freundin einen Heiratsantrag gemacht hat. Ist natürlich klar, dass sie sofort ja gesagt hat – angesichts des wunderschönen Motivs.

Motiv: Streit Anna/Ludo auf Brücke
Drehort: Oberbaumbrücke, 10997 Berlin-Kreuzberg

Motiv: Kinderhort
Drehort: Rosenvilla, Paretzhofer Straße 45, 14669 Paretz

Motiv: Volksmusikanteninterview
Drehort: Villa Herz, Am Großen Wannsee 52, 14109 Berlin-Wannsee

Motiv: Theateraufführung Kinder
Drehort: Renaissance Theater, Knesebeckstr. 100, 10623 Berlin

Motiv: Enten füttern mit J. Vogel
Drehort: Tiergarten, 10785 Berlin-Tiergarten

Motiv: Geständnis Anna (am See)
Drehort: See Sacrow